一流企業の入社試験

東大カルペ・ディエム

星海社

300

SEIKAISHA SHINSHO

JN043058

はじめに

入社試験問題――それは名だたる企業が優秀な就活生の思考力を問うために出題する、いわば最高峰の知的ゲームです。入社試験には、広い意味ではＥＳ（エントリーシート）や面接も含まれますが、本書では狭義の入社試験、特に就活生の思考力を問うようなペーパーテストやグループワークで課される問題に焦点を当てています。

私たちは、著名コンサルティング会社や世界的なＩＴ企業、官公庁などの入社試験から、思考力を鍛えるのに適した18題を精選し、解説とともに収録しました。

実際に就職活動をしている方、これから就活をする方にはもちろんその対策として役立ちますし、それ以外の方にも、純粋な思考力トレーニングとして十分に楽しんでいただけるはずです。

著名企業が思考力のある人材を採用するために課す入社試験は、現実で役立つ思考力を養うのに、そして腕試しに格好の題材です。例えば、グーグルの入社試験問題を見てみましょう。

例題　グーグルの入社試験

〔最も速い馬はどの3頭？〕

25頭の馬がいます。この馬の中でレースを行い、足が速い馬トップ3頭を見つけたいと思います。最速の3頭を見つけるために必要な最小のレース回数は何回でしょうか？
レースのルールは以下の通りです。

ルール1：1回のレースで走れる馬は5頭まで。
ルール2：レースのタイムは計測できないため、「Aの馬はBの馬より速い」といった相対的な速さしかわからない。

難易度：★★★☆☆

まずは、この問題を一緒に解いていく中で、入社試験問題が思考力をつけるヒントになることを体感していただければと思います。

まず、この問題を考えるときに重要なのは、「1回のレースで走れる馬は5頭まで」というルールです。25頭を一気にレースで走らせることができればいいのですが、それはできません。

となると、まず最初にやるべきは、25頭を5つのグループに分けて、そのグループの中で一番速い馬を見つけることです。

仮に、第1レースで走る馬を5頭を選んだとします。その5頭の中で1位～5位ができますね。

この第1レースで走った馬たちをAグループと呼び、そのAグループで1番を取った馬をA1の馬、2番の馬をA2の馬、と呼んでいきます。

そして第2レースでまた新しい馬を5頭選び、それをBグループと呼んで……と繰り返して、5回のレースを行います。

そうすると、25頭の序列はこんな感じになりますね。

Aグループ　A1、A2、A3、A4、A5
Bグループ　B1、B2、B3、B4、B5
Cグループ　C1、C2、C3、C4、C5
Dグループ　D1、D2、D3、D4、D5
Eグループ　E1、E2、E3、E4、E5

さて、これで各グループで一番速い馬がどの馬なのかがわかりました。

「じゃあ、A1、B1、C1、D1、E1の5頭で勝負をすれば、最速の馬がわかるね。答えは6回だ」

と答えてしまうと、残念ながら不正解です。このとき、「別の可能性」に気づいて正しい答えを導けるかどうかを、出題する企業は見ています。


でも、なぜ不正解なのでしょうか？

それは、次のようなケースがありうるからです。

〈仮のケース〉

A1：8秒　A2：9秒　A3：10秒　A4：11秒　A5：12秒
B1：11秒　B2：12秒　B3：13秒　B4：14秒　B5：15秒
C1：12秒　C2：13秒　C3：14秒　C4：15秒　C5：16秒
D1：13秒　D2：14秒　D3：15秒　D4：16秒　D5：17秒
E1：14秒　E2：15秒　E3：16秒　E4：17秒　E5：18秒

このようなケースだと、「A1、A2、A3」の馬が、25頭の中で最速の3頭です。にもかかわらず、5回のレースでそれぞれのトップだったからといって「A1、B1、C1、D1、E1」の5頭を走らせ、「A1、B1、C1が勝ったから、この3頭が最速だ」と言ってしまうと間違いですよね。

では、どうすれば正解にたどり着けるのでしょうか？

実は、1番同士で第6レースを行うという発想自体は間違っていません。

ただし、その後でもうひと手間をかける必要があるのです。

右に示した「仮のケース」をもとに具体的に考えましょう。A1、B1、C1が上位3位となった場合、「1番〜3番の可能性がある馬」は何頭いるかわかりますか？

答えは、6頭しかいません。

まず、DグループとEグループは、1番の馬が4位以下になっているので、3位以内を含む可能性はゼロです。仮にD1の馬が4番目に速かったとして、その馬よりも遅かった、D2の馬やE2の馬が上位3位に入る可能性は皆無です。なのでDグループの馬とEグループの馬については、この時点で検討の余地がありません。

さらに、A、B、Cグループの4位・5位の馬も同じ理由で勝てないですよね。A4の馬は確実に4位以下です。

ですから、上位3位の可能性のある馬は「A1、A2、A3、B1、B2、B3、C1、C2、C3」の9頭になるわけですが、この中にも、「1番〜3番の可能性がない馬」がいます。どれかわかりますか？

例えば、B3の馬はありえません。なぜなら、B1の馬は2番目なので、B2の馬は速くても3番目。B3はその次になるので、4位以下でしかありえないのです。

同じ理由で、C2、C3の馬もありえません。C1の馬がどんなに速くても3番目だからです。

そうすると、6レース目の結果を受けて、上位3位になる可能性があるのは「A1、A2、A3、B1、B2、C1」の6頭です。この6頭の中で上位3位が決められれば、答えが出るわけです。

でも最後にひとつ大きな関門があります。1つのレースで走れるのは5頭という制約がある中で、6頭の中から1位～3位を決めなければならないのです。そうなると1回のレースで決めるのは難しい……と思うのではないでしょうか。そうなると、6レース目の結果をもとに追加で2回レースを行う必要があり、正解は8回だ、と思う人もいるかもしれません。

しかし、結論から言うと答えは7回です。

A1を除く「A2、A3、B1、B2、C1」でレースをすれば、それだけで1位～3位が決められます。

「え、なんで?」と思うかもしれません。しかし、A1が1位であることは既に確実なので、これからA1をさらに走らせる必要はないのです。ですから、残りの2位と3位さえわかればいいのです。

「A2、A3、B1、B2、C1」でレースをして、この中で2番目・3番目が決められれば、全体の1位～3位がわかるのです。ということで、7回が正解です。

これがグーグルの入社試験です。いかがでしょうか？

ありえない可能性を着実に削っていくことができれば、残ったものが答えだと自然にわかります。この問いは、消去法の思考ができるかを問う問題だと言えます。

これからの社会における「考える力」

現在、就職市場においてはコンサル・IT業界が人気です。その根底には、能力主義が強く反映されていると考えられます。パンデミックにより激動を迎えたここ数年の社会不安や、金融庁の金融審議会「市場ワーキング・グループ」の報告書が提起した「老後30年間で約2000万円が不足する」という、いわゆる「老後2000万円問題」。こうした不安定な社会情勢による漠然とした不安感の中、若い世代には、自分のスキルを高め、自らの望むライフプランを自力で実現し、よい働き方や暮らし方をしたいというニーズが目立ちます。

働き手の需要が高く、待遇が良いＩＴ業界や、転職市場で高く評価されやすく、自分の望む転職先を見つけやすいコンサル業界が若者にとって人気の業界となっているのはその表れだと言えるでしょう。これまでの年功序列的な評価制度の下では、スキルアップや成果が必ずしも評価に直結されないと言われる中で、転職市場や外資系企業では能力や成果が給与に反映されやすく、年齢や性別などに関係なく実力に応じた評価が与えられます（現在ではこうした流れを受けて、大手日系企業でも実力に応じた評価制度を取り入れつつあります）。

こうした能力主義の社会において評価されるのが、本書の入社試験で問われるような「考える力」なのです。

これからの時代に必要な3つの力

ところが、実は若い世代のコンサル業界志望の根底となっている能力主義には、大きな問題点があります。それは、「自分が何をやりたいか、そのためにどんな能力が必要なのか」という視点が欠如していること。

例えば、外資系コンサルティングファームに内定が決まっている筆者の友人は、「3年から5年で独立し、自分で事業を行いたい」と話しています。実際、外資系コンサルを目指す人には、長期的にずっとその会社で働くより、数年後の転職や独立を見据えてコンサルで力をつけるという思考の人が多いでしょう。

しかし、実はこうした人の多くが、どんな能力をつけるのか、具体的なイメージができていないのです。

それもそのはずです。なぜなら、VUCAと呼ばれる、変化が激しく先の予測が難しいこの社会では見通しを立てるのが一層難しくなり、どんな力が求められるようになるのかが不明瞭だからです。

そんな時代に、私たちはどんな力を身につけていけばいいのでしょうか?


ここで少し視点を変えてみましょう。

これまで私たちは、どのようにすれば社会で活躍していけるのか、個人の視点から社会を見てきました。ここで逆に、社会の視点から個人を見てみましょう。すなわち、今の社会でどのような人材が求められているのか、ということです。

私たちは社会を作っていく存在としての企業に注目し、各企業がどんな人材を求めているのかを分析しました。具体的にはコンサル・IT業界をはじめとする就活生に人気の9

業界について、業界人気トップ3の企業を調査し、計27社の求める人材像を、採用情報や入社試験などをもとに分析してみました。すると、大きく3つの能力が求められていることがわかりました。

まず1つ目は、未来を予測し、それに向かっていく力。

- 時代を先取りして新たな価値を導出する力（三菱商事）
- 予測不可能な未来のアクセンチュアを造ることができるDNA（アクセンチュア）

グローバル化、コロナ禍、不安定な国際情勢など、先が見えない時代の中で、未来を予想し、そしてそれに向けて必要な施策を考え、実行していくことのできる人材が求められていると言えるでしょう。

そして2つ目は、他者を巻き込む力。

- 社会のために自律的に考え、自ら動き周りを巻き込む「考導力」、多様な仲間と共通の目標を創り成し遂げる「共創力」（NTTデータ）

●チームの可能性を信じ、チームの力を活かす力（明治グループ）

自分が作り出した価値を世の中の多くの人に届けていくためには、自分一人の力だけでは不十分です。多くの人を巻き込むために、考え、伝え、動かす力が求められます。手伝ってくれる人、支えてくれる人など、数多くの仲間とチームとなって仕事に取り組んでいくスキルも大事です。

最後に3つ目は、自分なりの考えを作る力。

●これまでの経験で「なぜ」そう考え、そこから「何を」感じ、「どのように」行動したのか。その人自身の価値観や性格、キャリアひいては人生設計に対する考え方を言語化できる人（日本生命）

情報があふれる世界の中で、なぜ自分がそう思うのか、どうなりたいのか、深い自己分析ができる人は、経験をしっかりと蓄積し、成長していくことができる、というのです。

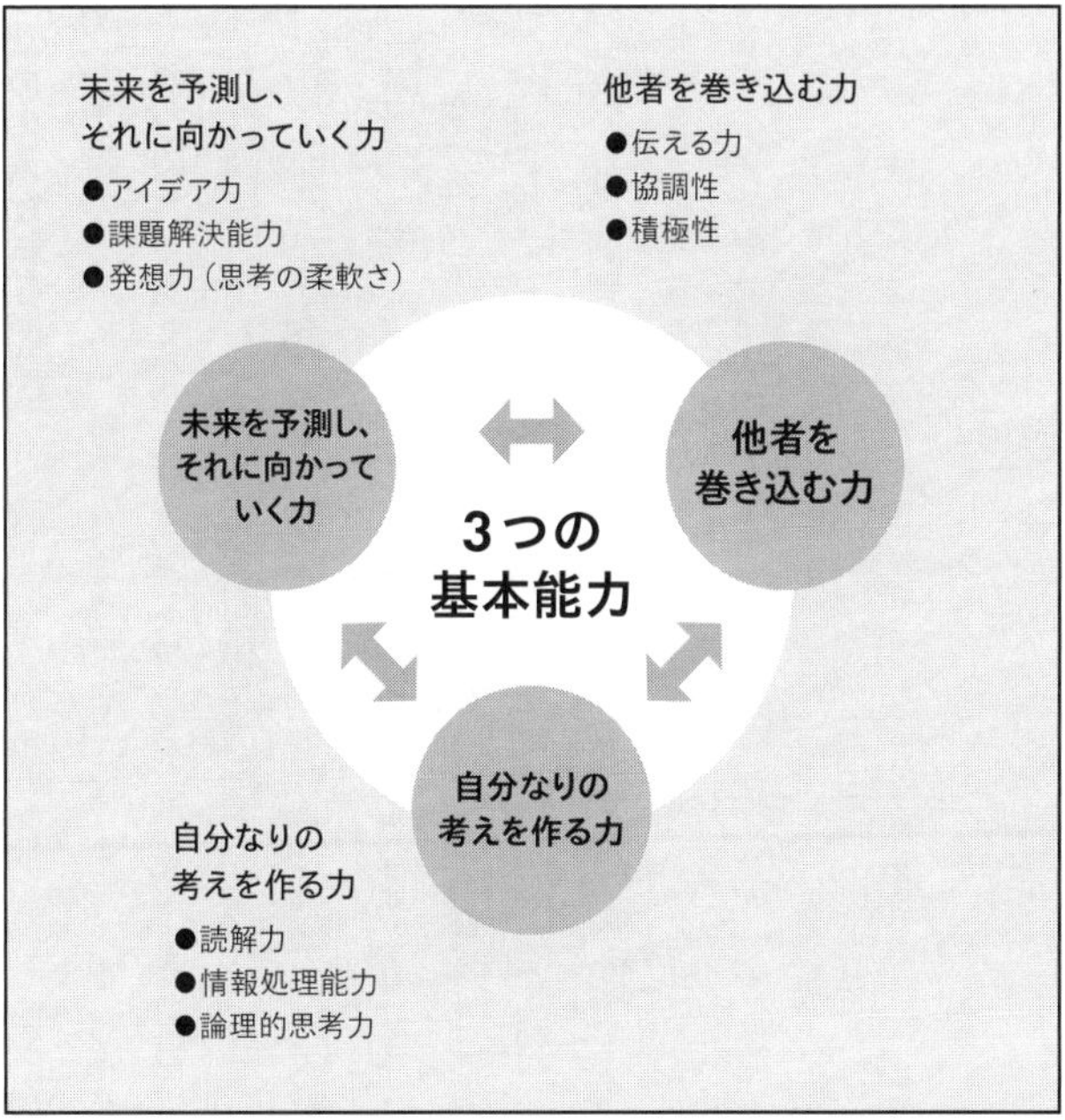

図表1　これからの時代に必要な3つの力

「考える力」を測るための入社試験問題

これら3つの能力に共通しているのが、「考える力」です。つまり、今の社会で必要とされている力とは「考える力」であり、それを身につけることができれば社会で活躍できるのです。そして、それを試す試金石が入社試験問題なのです。

そこで本書では、計27社の分析から導かれた「考える力」を鍛える問題を、フェルミ推定、ケース問題、判断推理、課題解決型問題の4ジャンルごとに精選して収録し、解説しました。実際に人気企業で出題された入社試験や、就活生の経験をもとに一部改変した問題、さらに官公庁で出題された問題も含まれています。

みなさんもぜひ、これらの問題を足がかりに自分なりの「考える力」を伸ばしてみてください。

目次

第1章

フェルミ推定

第1章では「フェルミ推定」について、具体的な入社試験問題を例にしつつ解説していきます。

フェルミ推定とは、実際に調査や計測をすることが難しいデータに対して、前提条件や調査できる範囲の情報をもとに、論理的に大まかな推定値を導くことです。

フェルミ推定はビジネスの現場でも大いに活用されていますが、就職活動の際に実施されるフェルミ推定では、解く人の論理的思考力が評価されます。「御社で働きたい」と、どれだけすばらしい志望動機があっても、論理的思考力がないと実際の仕事ができませんよね。そのため、企業は入社試験でフェルミ推定の問題を通じて思考力を問うのです。「フェルミ推定って苦手なんだよな」という人にこそ、ぜひ本章の問題を通じて、たくさんの経験を積んでもらいたいです。フェルミ推定は問題を繰り返し解くことで、力をメキメキと伸ばすことができるからです。

ちなみに、実際に入社試験で出題された問題には、次のようなものがあります。

2020年度のアルコール除菌関連の売上高を推定せよ（EYストラテジー・アンド・コンサルティング、外資系総合コンサルティング企業）

ある居酒屋の一日の売上を推定せよ（ベイン・アンド・カンパニー、戦略系コンサル企業）
現在のＥＶ普及率を推定せよ（アクセンチュア、ＩＴ企業）

これらの問題を解くにはズバリ、フェルミ推定に慣れておく必要があります。数をこなすことで、

①フェルミ推定を解くにあたって覚えておきたい数字が頭にインプットされる
②さまざまなアプローチを使いこなせるようになる
③問題の前提を客観的に設定でき、解答の精度が上がる

など、フェルミ推定の要点が自然に身につくようになるのです。
それでは実際に問題を一緒に解きながら、フェルミ推定を解くためのアプローチ方法を学んでいきましょう！

その前に、フェルミ推定でよく使う「覚えておきたい数字」の一覧をまとめておきまし

たので、これらのデータを頭に入れた上で問題に臨んでください。

フェルミ推定で覚えておきたい数字一覧

〈日本〉
人口：1.2億人（2050年：1億人、2060年：9000万人）
平均寿命：84歳
世帯：5000万戸
平均世帯人数：2.5人
国土面積：38万平方キロメートル（山地：70%、平地：30%）
企業の数：340万社（大企業：1.4万社、中企業：50万社、小企業：290万社）
生産年齢人口：7000万人

〈世界〉
人口：80億人（2050年：95億人、2100年：110億人）
地球の直径：12000㎞

地球の円周：40000km
地球の表面積：5億キロ平方メートル（海：70%、陸：30%）
※いずれも概数

日本に空き家はいくつあるか？

難易度：★★☆☆☆

現在、全国的な人口減少や都市部への人口集中、そして少子高齢化が空き家の放置問題を加速させています。日本全国にどれくらい空き家があるのか、考えてみましょう。

考え方

全国の空き家の総数は、

空き家の総数＝総世帯数×空き家率

で求められます。このように、問われた数値について「どの数値や割合がわかれば計算できるか」を考え、要素を分解していくのが基本的な考え方になります。

ここで、さきほどご紹介した「フェルミ推定で覚えておきたい数字一覧」を思い出すと、日本の総世帯数は5000万戸でした。あとは「空き家率」さえ考えられれば答えが導けますね。


ここで、小学校の社会の授業で習ったことを思い出してみましょう。日本全土は山地と平地で構成されていますが、人口は平地に集中しています。そのため、この問題では日本人の大多数、1億2000万人が平地に住んでいると仮定します。

さらに平地を都市部と田舎に分けて考えます。ここからは経験的、感覚的な推論になりますが、都市部と田舎にそれぞれ人口の半数が居住しているとしましょう。

田舎は特に少子高齢化が進んでおり、地域人口の50％以上が65歳以上の集落である限界集落の地域もあります。よって、仮に「5世帯中1世帯」が家を手放したまま放置していると考えましょう。これより、空き家率は20％であると求められます。

なお、ここであなたが経験や直感に基づいて「田舎の空き家率は10％だ」「30％だ」などと考えたら、それによって求められる数値が変わってきます。このように、知らない数値や割合について、いかなる根拠でどのように仮定の数値を置くかがフェルミ推定のポイントの一つです。

都市部は田舎よりも入居需要があるため、空き家率は5％とします。

以下が、この推定をもとに作成した表です（図表2）。

それでは、いよいよ空き家の総数を計算してみましょう。

2500万戸×5％＋2500万戸×20％＝125万戸＋500万戸＝625万戸

よって、全国の空き家の総数は、625万戸であると推定できます。

おわりに

この問題は、世帯数をもとに地方と都市に分けて空き家の戸数を推定する問題でした。とあるDXコンサルティングを行う企業の入社試験で出題された問題です。

	世帯数	空き家率
都市部	2500万（50％）	5％
田　舎	2500万（50％）	20％

図表2　都会と田舎の世帯数と空き家率

さて、実際のデータはどうなっているでしょうか。

総務省が実施した「住宅・土地統計調査結果」を見ると、2018年時点の全国の空き家の総数はおよそ850万戸であると書かれています。

推定で得られた総数と大きくかけ離れた値とはなりませんでしたが、日本全国で少子高齢化が急激に進んでいるため、実際の数値は推定値より少し多い結果になったと考えられます。

今回は世帯数を地方と都市で分けて考えましたが、他にも日本の面積で分けて考える問題や、年齢や年収でセグメント分けを行う問題なども存在します。

普段から少しでも興味のある値を推定してみることで、フェルミ推定に必要な基礎知識だけでなく、自分の意見を論理的に構築するプロセスも身につけていけます。

日本に傘は何本あるか？

難易度：★★★☆☆

日本は傘の所有本数、ビニール傘の消費量が世界一です。それには日本の降雨日数が多いことが影響しているとも言われています。さて、日本全国に傘はどれくらい存在するのでしょうか。

考え方

日本に存在する傘は、個人が所有しているものと店頭で販売されているものの2種類があります。個人が所有する傘と店頭で販売される傘の2つに場合分けし、それぞれの数について考えていきましょう。紛失物としての傘も存在しますが、一度購入してから紛失していることを考慮し、今回は個人の所有物として計算します。

はじめに、個人が所有している傘の本数からみていきましょう。

傘の所有本数＝日本の人口×傘の所有率×1人あたりの平均所有本数

で求められます。

さきほどの「日本に空き家はいくつあるか？」と同様、日本の人口はおおよそ1・2億人です。

ここで、傘の所有率と平均所有本数がわかれば傘の本数が求められるわけですが、より精確な数値を推定するため、傘の種類を分類して考えましょう。傘を用途ごとに分類すると、

①雨傘
②折り畳み傘
③日傘

の3種類に分けられます。それぞれについて検討していきましょう。
まず、①雨傘はほとんどの人が持っていると考えます。具体的な数値設定は解く人によって変わってきますが、ここでは仮に所有率を95%、平均所有本数を3本とします。

1.2億人×95%×3本＝3.42億本

次に、②折り畳み傘は雨傘よりは所有率はやや低いと考え、所有率を80%、平均所有本数を1本とします。

1.2億人×80%×1本＝9600万本

最後に、③日傘は性別で所有率が異なるため、男女に分けて考えます。

男：6000万人×5%×1本＝300万本

女：6000万人×70%×1＝4200万本

よって、個人が所有している傘の本数は①＋②＋③＝約4・8億本と推定できます。

今度は、店頭で販売されている傘の本数を考えましょう。

ここからのアプローチでは、各店舗にある傘の本数を計算するのではなく、傘を購入する人の需要から計算していきます。

傘の店頭販売本数＝日本の人口×需要率×1人あたりの平均購入回数

ここでも場合分けを行い、④急な天候変動によってすぐに使う傘を購入する場合と、⑤普段使いの傘を購入する場合に分けて考えましょう。

〈④急な天候変動によってすぐに使う傘を購入する場合〉

雨が突然降ったり、日差しが強かったりしたときに傘を持ち合わせていない人が、その場で使う傘を急いで購入するケースです。なので傘の種類は分けずに、「日本の人口×需要率×平均購入回数」で求めてみましょう。

いつも傘を持ち歩いている人と、雨予報の日に傘を持ち歩いている人を合わせて日本の人口の60％と仮定し、残りの40％が需要率、つまり天候によって急に傘が必要になる人とします。すると、

1.2億人×40％×2本＝9600万本

となります。

〈⑤普段使いの傘を購入する場合〉

傘が壊れたときに買い足したり、スタイルや性能の良い傘を新しく買ったりするケースです。この場合、需要率は傘の個人所有率と同様だと考えられます。われわれの経験に照

らし合わせて、傘の耐用年数を3年、平均購入回数は年1回として計算しましょう。
まず雨傘は、

1.2億人×95%×1本÷3年＝3800万本

折り畳み傘は、

1.2億人×80%×1本÷3年＝3200万本

日傘は、

男：6000万人×5%×1本÷3年
＝100万本
女：6000万人×70%×1本÷3年
＝1400万本

これらを合計して、店頭で販売されている傘の本数は、年間で1・8億本と推定できます。

以上から、個人所有と店頭販売を合わせて、日本に存在する傘は推定6・6億本であると結論できます。

おわりに

この問題は、傘を用途に応じて3種類に分類し、さらに個人所有と店頭販売という観点に分けて本数を求める問題でした。世界的に有名なボストン・コンサルティング・グループの入社試験で出題された問題です。

実際の調査に基づくと、日本人の傘の平均所有数は約4・2本といわれています。また年間傘消費量は1・2億本以上だそうで、1年間に1人1本は傘を購入していることになります。

今回のフェルミ推定において、個人が所有している傘の本数に関しては実際の数と推定値でとても近い値を求めることができました（個人所有の傘の本数4・83億本÷日本の人口1・2億人＝1人あたり4・0本）。

一方、店頭で販売されている傘の本数に関しては、実際の数値1・2億本以上に対し、推定値が年1・8億本と、大きく値がかけ離れているわけではないものの、平均所有本数ほどの精確さではありません。その原因は、「傘の耐用年数である約3年に1回、定期的に傘を買い替える」という人が仮定よりも少なかったためと考えられます。

ボールペンの市場規模は？

難易度：★★★☆☆

アナログ離れが進み、メモを取るにも講義を受けるにもデジタル機器を活用する頻度が高くなった昨今、それでもボールペンのニーズは確固として存在しています。ボールペンの市場規模、つまり国内の年間売上額を求めてみましょう。

考え方

ボールペンの市場規模は、

年間売上額＝ボールペンの平均単価×売上本数

で求められます。

ボールペンにもさまざまな種類がありますが、今回は値段に注目するので油性と水性は分けず、色数で分類します。一色と多色で値段が大幅に変わってくるからです。この問題では、一色ボールペンの平均単価を200円、多色ボールペンの平均単価を1000円として計算しましょう。

さらに、ボールペンの需要については、個人と法人に分けてアプローチします。
①個人で購入する場合のボールペンの売上本数は、「日本の人口×購入率×1人あたりの年間購入本数」で求められます。
就学している子供は日本の総人口の約1割として1200万人、高齢者が約3割を占めていることから生産年齢人口（社会人）は総人口の約6割、つまり7200万人いるといえます。

ボールペンの色数と購入する人の層でセグメント分けをします。各セグメントの上側に購入率、下側に1人あたりの年間購入本数を実感で書き込みました。みなさんも自分の経験をもとに、購入率や年間購入本数を考えてみてください（図表3、次ページ）。

続いて、②法人で購入する場合のボールペンの売上本数は、「企業あたりの平均人数×1人に配られる本数×企業数×購入率」で求められます。

国内の企業数は約340万社、企業あたりの平均人数は約20人と覚えておくと解きやすくなりますが、覚えていなかった場合は以下の解き方で値を算出してください。

企業数＝生産年齢人口÷会社あたりの平均人数

少し解説すると、①で前述した通り、生産年齢人口は7200万人です。

日本の企業の9割が10人で構成される小企業、1割が100人で構成される中企業と仮定すると、会社あたりの平均人数はおよそ20人と求められます（1000人以上で構成される大企業は企業数の1%にも満たないので、今回は検討外とします）。

	個人	
	子ども・学生	社会人
一色	80%	40%
	2本	2本
多色	70%	30%
	1本	1本

図表3　個人で使うボールペンの本数

よって、日本の企業数は、7200万人÷20人＝360万（社）と求められます。

さて、ここで必要な数値は全て出揃いました。ボールペンの市場規模について、場合分けに基づいて実際に計算してみましょう。

①個人で購入する場合、一色ボールペンは子供と社会人それぞれの本数を足して、

1200万人×80％×2本＋7200万人×2本×40％＝7680万本

7680万本×200円＝153.6億円

多色ボールペンは、

1200万人×70％×1本＋7200万人×1本×30％＝3000万本

３０００万本×１０００円＝３００億円

これを足すと４５４億円。つまり、個人でボールペンは４５４億円分購入されていると言えます。

②法人で購入する場合

ここでは、国内の企業数を計算で算出した３６０万社とします。

一色ボールペンは、

20人×２本×３６０万社×40％＝５７６０万本
５７６０万本×２００円＝１１５億円

多色ボールペンは、

20人×１本×３６０万社×30％＝２１６０万本

2160万本×1000円＝216億円

これを合計し、法人でボールペンは331億円分購入されていることになる。

個人と法人の購入分を合わせると、ボールペンの市場規模は、785億円であると推定できます。

おわりに

この問題は、個人・法人にセグメントを分け、マクロ売上を求める問題でした。実際に、コンサルティング大手のベイン・アンド・カンパニーで出題されたものになります。

ボールペンの市場規模についての実際の調査を探してみると、2021年度に経産省が発表した「文具月報（販売金額）」に記載があり、およそ750億円です。

ボールペンなど筆記用具の国内市場規模は、新型コロナウイルスの流行や急速なデジタル化を受けてやや右肩下がりになっていますが、それでも新興国での若年層の就学率上昇を受けて、需要が上昇傾向にあるようです。そのため海外事業や国内向けの新規事業に着手する文具メーカーが増えてきています。

地球上には何羽のニワトリが存在する？

難易度：★★★☆☆

ニワトリは食物として、卵を産む家畜として私たちの生活に欠かせない存在です。さまざまな形で活用され、私たちの日常生活に欠かせない存在となったニワトリは一体、現在、地球上に何羽いるのでしょうか。

考え方

地球上のニワトリの総数は、

世界の総世帯数×飼育率×平均飼育数

で求められるので、この式の各項目の数値はどれくらいか、推定していきます。

最初に世界の総世帯数から考えます。経済が安定し少子高齢化が進む地域の世帯平均人数を2人、出生率が高く人口急増している地域の世帯平均人数を6人と仮定し、それぞれの地域の人口が同等だとすると、世界全体の世帯平均人数は4人となります。

そして現在世界の人口は約80億人であるため、世界の総世帯数は80億÷4＝20億（世帯）です。

次にニワトリの飼育率を見ていきましょう。まず、ニワトリを家畜として飼育する世帯とペットとして飼育する世帯に分けて考えます。

人間の可住地域のうち、都市部と田舎に居住する人口はおよそ半数ずつであることから、ニワトリを家畜として飼育する世帯とペットとして飼育する世帯も半数ずつで等しいと考えられます。

そして、ニワトリの用途別の飼育率と平均飼育数を実感で推測します（図表4）。

	ペット	家　畜
飼育率	30%	80%
平均飼育数	2羽	20羽

図表4　ニワトリの飼育用途ごとの飼育率と平均飼育数

それでは、数値が揃ったところで実際にニワトリの総数を計算してみましょう。

10億世帯×30%×2羽＋10億世帯×80%×20羽
＝6億羽＋160億羽＝166億羽

よって、地球上にいるニワトリの総数は、166億羽であると推定できます。

おわりに

この問題はグーグルの入社試験で出題された「ピアノ調律師は世界中に何人いる？」という問題の類題として、本書のために筆者が作成したものです。

地球上のニワトリの総数を算出するため、一見難しそうな問題だと捉えられがちですが、世界の総世帯数を算出してしまえば、あとはシンプルなフェルミ推定の問題となっています。ここまで解説したアプローチ以外にも、地球の表面積とニワトリ1羽に必要な面積からアプローチする方法もあります。

ちなみに現在、地球上にニワトリは約230億羽も存在しているといいます。多すぎて、とても実際に計測することはできないですよね。そんなシチュエーションで使われるのが、おおまかな値を推測するフェルミ推定です。実際、マーケティングの現場では必須です。

もしフェルミ推定で実際の数値とかけ離れた値が算出されたら、どの仮定が原因かを見直してみましょう。見直しをすることで、あなたのフェルミ推定の精度はどんどん上がっていきます。

日本にポイ捨てされたタバコの吸い殻は何本ある？

難易度：★★★★☆

街を歩けば、そこかしこにゴミがポイ捨てされています。特に歓楽街ではタバコの吸い殻が目立ちますよね。フェルミ推定はビジネスだけでなく、公共施策にも使用されることがあります。今回は、電子タバコなどさまざまな種類があるタバコの中でも、従来の紙タバコに絞り、日本でどれくらい吸い殻がポイ捨てされているのかを考えてみましょう。

考え方

日本でポイ捨てされる吸い殻の本数は、

紙タバコの年間販売本数×ポイ捨ての割合

で求められます。で求められます。さらに、紙タバコの年間販売本数は、

日本の人口×喫煙率×
1人あたりの年間消費本数

で求められます。これらの各数値はどれくらいか、推定していきましょう。

まずは喫煙率です。下の図表5のように喫煙率を性別と年代（20～70歳）を軸にセグメント分けして、喫煙率を実感で書き込んでみました。

ここでセグメント分けをした各世代の性別ごとの人口は、0～19歳までの人口と、20代以降の各セグメントの人口が同じだと仮定すると、

年 代	20代	30代	40代	50代	60代	70歳以上
男	30%	30%	40%	30%	30%	20%
女	10%	10%	15%	10%	10%	5%

図表5　年代、性別ごとの喫煙率

1.2億人÷7÷2=850万（人）

となります。

次に喫煙本数については実感値に基づき、喫煙者1人あたり1日平均1ダース、つまり12本喫煙すると仮定し、年間では12本×365日=4380本の紙タバコを吸っているとしましょう。すると、

850万人×240％×4380本
=893億5200万本

このことから、年間およそ890億本のタバコが販売されているといえます。

最後にポイ捨ての割合を考えましょう。ポケット灰皿を常に使用している喫煙者の割合を半分と仮定し、ポイ捨てされる吸い殻は年間販売本数の50％とします。

890億×50％=445億本

よって、日本でポイ捨てされたタバコの吸い殻は、年間445億本あると推定できます。

おわりに

この問題は日本の人口を性別と年代によってセグメント分けして値を算出する問題でした。各世代の性別ごとに推定すると実感値の解像度が上がり、より精度の高い推定ができるようになります。公共団体を相手とする外資系総合コンサルティング企業で出題されやすい問題を参考に作成した、本書オリジナルの問題です。

模範解答として紹介した考え方のほかにも、日本の面積から算出する方法や喫煙者を「ヘビースモーカー、一般的な喫煙者、ほとんど吸わない人」でパターン分けをする方法など、より丁寧に値を算出する方法もあります。

ちなみにタバコの消費に関する論文によると、世界中では6兆本の吸い殻のうち、4分の3にあたる4兆5000億本がポイ捨てされている現状にあるようです。

第2章

ケース問題

第2章では、特にコンサルティング業界や総合商社、ＩＴ業界で頻繁に出題される「ケース問題」を取り上げます。

ケース問題とは、与えられた正解のない課題に対して自身で前提を設定したり面接官に前提確認を行ったりして、仮説を組み立ててから論理的に施策を立案する、いわばビジネススキルの基礎を総合的に試す問題だと言えます。最初の前提が揺らいでしまうと後の立案が台なしになってしまいますので、前提の擦り合わせは特に大切に行いましょう。

ケース問題で実際に出題された問題例は以下の通りです。

- 年間パスなしで、どうすればテーマパークの月間入場客数を4万人増やせるか（エンターテイメント業界）
- 自然災害によるインフラの破壊にデジタル技術でどう対処するか（外資系ＩＴコンサル）
- 不動産開発における業務の効率改善施策を立てる（経営コンサル）

ケース問題の内容自体は、自分の行きたい企業や就きたい職種とは全く関係ないように思え、「私は何を試されているのだろう」と感じてしまう人もいるかもしれません。しかしフェルミ推定と同様の論理的思考力やコミュニケーション能力に加え、発想力や課題解決に向けた推進力、そしてあなたの素直さなども知ることができます。

実際に就職活動の中でケース問題を解く際は、相手が面接官だと気構えるのではなく、一緒に課題に向き合ってくださる先輩社員に、自分の考えを説明している状況を想定してみてください。そうすればより双方向のコミュニケーションが生まれ、思考のプロセスが説明しやすくなるはずです。

それでは、実際のケース問題に挑戦してみましょう！

アナログ腕時計の年間売上を伸ばすには？

難易度：★★★☆☆

腕時計はビジネスパーソンには欠かせない必需品です。回転する針で時刻を示すアナログ式と、画面に数字が表示されるデジタル式がありますね。

あなたはとある時計メーカーの社長から「低迷しているアナログ腕時計の売上を増加させるにはどうすればよいか考えてほしい」と相談を受けました。

さて、アナログ腕時計の年間売上を30％増やすための施策を考えてみましょう。

現状分析・要因特定

マーケティングでよく使われる「SWOT分析」を用いて現状を分析し、問題点や将来につながる可能性がある点を考えていきます。

SWOT分析とは、現状の問題点やチャンスとなる状況を整理するためのフレームワークで、「強み（Strength）」「弱み（Weakness）」「機会（Opportunity）」「脅威（Threat）」の4つの観点から現状や問題点の分析、施策の設定をしていくツールです。強みと弱みは、企業や所属する社員による強みと弱み、つまり内部要因を指します。一方、機会と脅威は、個人の力では統制できない外部要因を指します。

アナログ腕時計の置かれた現状をSWOT分析に落とし込むと下の図表6のようになります。

	プラス要因	マイナス要因
内部要因	【強み】 ●日本製 ●100以上の海外拠点 ●歴史が長く、認知度が高い ●壊れにくい技術 ●ソーラー発電 ●部品から組み立てまで一貫製造	【弱み】 ●アナログ ●保守的で古臭いイメージ ●気軽に購入できる値段ではない
外部要因	【機会】 ●自分好みのデザインを選ぶことができる ●充電しなくていい ●メンテナンスをすれば一生使える	【脅威】 ●多機能で安いスマートウォッチの台頭 ●デジタル化の浸透 ●円安で材料費高騰 ●コロナ禍の影響で世帯収入が減少

図表6　アナログ腕時計のSWOT分析

施策立案

現状分析ができたところで、ここからはクロスSWOT分析を用いて戦略を立てていきます。クロスSWOT分析とは、①強み×機会、②強み×脅威、③弱み×機会、④弱み×脅威の組み合わせで施策を立案していく考え方です。それぞれ次のような可能性が浮かんできます。

①強み×機会

- ソーラー充電で電池を交換する必要がないことから、環境にやさしいコンセプトで売り出す
- 「あなたの一生に寄り添う時計を」というコンセプトでストーリー性のあるCMを作る

②強み×脅威

- 海外拠点があることから、現地で腕時計を売ることができる
- 現地限定デザインで、空港や現地でのお土産にも
- 円安は輸出に適している

- デジタルに疲れた社会人に訴求し、デジタルデトックスの文化を醸成する
- 学生が気軽に購入できるモデルを作る

③弱み×機会
- 親から子供の入学・就職祝いにちょっと良い時計をプレゼント
- ファッションの流行に合わせた、革新的なデザイン
- デザイナーとのコラボウォッチ

④弱み×脅威
- 海外拠点があることから、現地で腕時計を売ることができる
- 富裕層向けモデル

施策評価

ここからは考えた施策について、実際に効果が見込めるかを検討し、期待値の高いものをピックアップしていきます。

・新学期やクリスマスのシーズンに、ストーリー性のあるCMを流す

メインターゲットは子供が入学・就職のタイミングを迎えた保護者で、加えて大事な人への贈り物を考えている20～30代も視野に入れます。壊れにくくて長持ちするのがアナログ時計なので、「あなたの一生に寄り添う時計を」というコンセプトのCMは、新たな門出や記念日をお祝いするという新たなブランドイメージを浸透させるのにぴったりです。プレゼントをもらった側も、思い入れのある時計ブランドに対してよい印象を持ち、今後も継続して時計を購入する見込みがあります。

・デザイナーとコラボする

アナログ時計はデザインが保守的で無難だというイメージを持たれています。そこでファッションデザイナーやクリエイターとコラボすることで、学生など若年層の人たちにも訴求でき、ファッションにも取り入れてもらいやすくなります。

●日本限定モデルを本数限定で輸出・販売する

現在日本は円安であり、輸出が有利です。日本限定モデルを本数限定で輸出することで、海外の富裕層の購入意欲を喚起できます。もちろん国内でも販売しているため、国内の時計好きな人がコレクションとして購入することもあるでしょう。予想される懸念点は、海外での認知度がどれくらい高いかによって、見込める売上が大きく変わる可能性があることです。

●デジタルデトックスの文化を醸成する

電車やカフェで周囲を見回すと、みんな揃って下を向いてスマートフォンをいじっています。SNSは遠くにいる人ともいつでもつながることができる便利なツールですが、常に他人と接続できる環境はデジタル疲れを引き起こすこともあります。また、仕事中にプライベートの通知をいちいち気にしていたら、仕事に集中できなくなってしまいますね。そこで、パソコンの画面を一日中眺めている社会人層をメインターゲットに、休日や休憩時間のデジタルデトックスを支援する施策を考えます。その文化を醸成することで、デジタルデトックスを気軽に取り入れられる腕時計への世間の関心が高まるだけでなく、現代の課題に目を向け解決に取り組んでいる企業としても注目され、ブランドイメージの向上にもつながるといえます。

おわりに

この問題は、コンサルティング企業のベイン・アンド・カンパニーで出題された問題を改変したものです。

この問題を考えるのには、今回使ったSWOT分析以外にも、この後の問題で紹介するAIDMAや4Pといった購買プロセスのマーケティングフレームも適用できます。「施策評価」で取り上げた施策は全て訴求する年齢層が異なりますが、「現状分析」の時点で訴求する世代を予め設定しておくと、特定世代にフォーカスした施策を立案していくことができます。ケース問題に限らず、マーケティング戦略を立てるときは、常にターゲットを細かく分類し、それぞれのニーズや悩みを考えていくのがおすすめです。

駅の空きスペースを活用するには？

難易度：★★☆☆☆

あなたはとある鉄道会社の企画戦略室から、「駅の商業エリアにできた空きスペースを活用して駅の売上を伸ばしたい。そのために導入する店舗とその運営方法について考えてほしい」と相談を受けました。

提示された条件は以下の通りです。

- 空きスペースには「飲食店」「休憩ラウンジ」「ジム」の中から1店舗を導入する予定
- 周りの店舗は図表7の通り

図表7　空きスペース周囲の地図

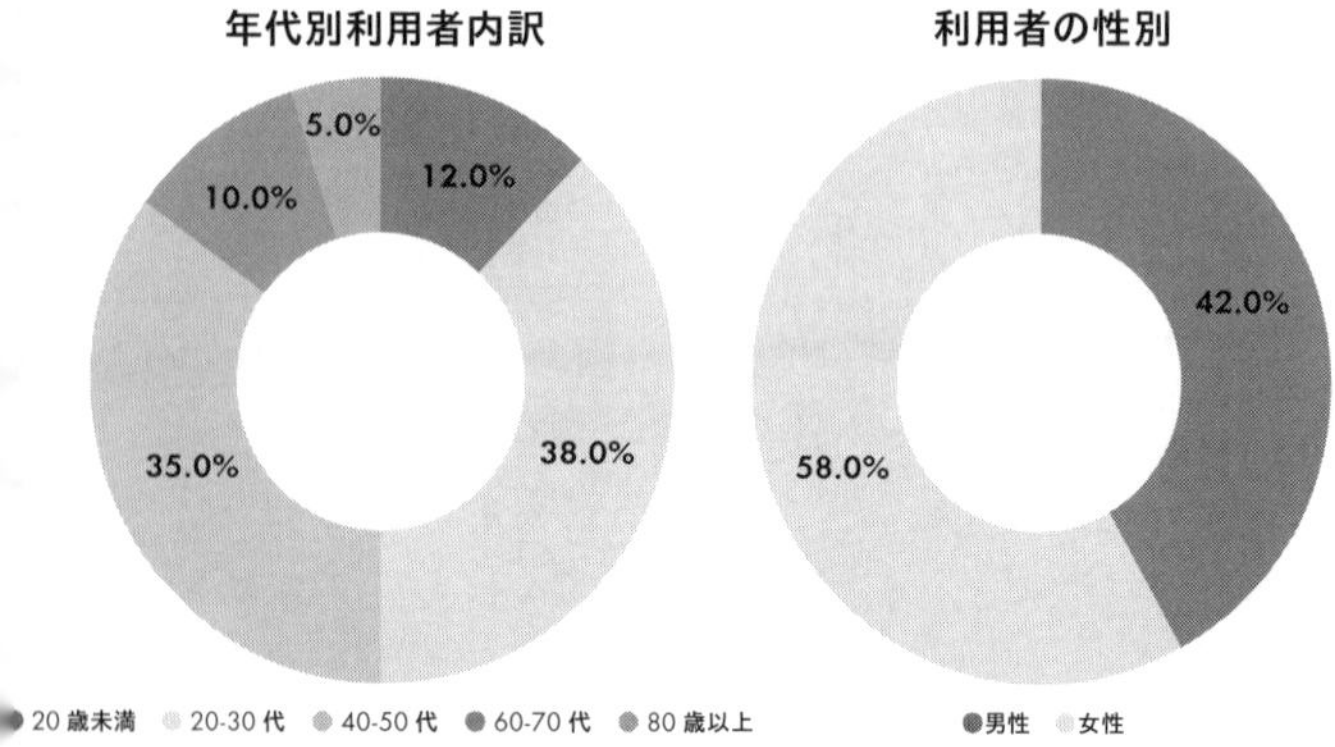

図表8　年代・性別の内訳

- この駅は毎日平均70万人が利用している
- 乗り換えで利用されることも多く、1人あたりの滞在時間は短い
- この駅の年代別利用者・性別の内訳は図表8の通り

これらの条件をもとに導入する店舗を選択し、駅の売上を伸ばすための店舗運営の施策について具体的に考えてみましょう。

現状分析

今回の相談内容の要点をまとめると、①導入する店舗を選択すること、②駅の売上を伸ばすための店舗運営の施策を考えること、です。

まずは与えられた条件と情報を読み解いてみましょう。

図表7より、この空きスペースの周囲には飲食店が3つと、気軽に立ち寄れるコンビニエンスストアや土産店があることがわかります。「飲食店」「休憩ラウンジ」「ジム」の中から1つ店舗を選択するとして、駅全体の売上を伸ばすためには、既に3つもある飲食店をさらに増やすことは得策とは言えないでしょう。そこで今回は、導入する店舗を休憩ラウ

ンジまたはジムの2つに絞って、それぞれの店舗のメリット・デメリットを比較していきます（図表9）。

それぞれのメリット・デメリットを比較すると、「休憩ラウンジ」の方が売上を伸ばす施策を考えやすいですね。

図表8より、この駅では20代から50代の利用者が約7割を占めており、乗り換えで利用されることも多いので、通勤で利用している人が多いことが推測できます。ここからは、通勤利用者に向けた休憩ラウンジの運営方法を具体的に考えていきます。

施策立案

駅の利用者は乗り換えで使う社会人が多いことから、隙間時間にコワーキングスペースで仕事をする社会人層をターゲットとします。ターゲット層が休憩ラウンジを利用するまでの流れを「AIDMA」を用いて考えてみましょう。

	休憩ラウンジ	ジム
メリット	●乗り換えや待ち合わせの時間つぶしに立ち寄れる ●コンビニで購入したものを食べることもできる ●コワーキングスペースとしても使える	●通勤、退勤時にジムに通える ●月額契約にしたら安定した収入が見込める
デメリット	●スペースを開放するだけでは売上が伸びない ●ゴミ放置やスペースの治安維持も必要	●スペースが狭いので導入マシン数が限られる ●乗り換え利用の客はジムを使わなそう

図表9　AIDMA分析の結果

ＡＩＤＭＡは「注意（Attention）→興味（Interest）→欲求（Desire）→記憶（Memory）→行動（Action）」という消費者の購買プロセスを説明するマーケティングフレームです。ただし、今回は商品ではなくその場で利用できるサービスについて考えるため、Memoryは省略します。

まず「注意」（Attention）について、休憩ラウンジの用途によって利用客への訴求の仕方が変わりそうです。今回は隙間時間にコワーキングスペースを使う社会人層をターゲットにするため、作業するのに適切な空間と、少しの時間でも利用できるシステムを整える必要があります。

作業するためには、Wi-Fiと電源の設置が必要です。少しの時間だけ利用したい人もいるので、30分３００円のようにスペース利用料をつけて、ＩＣカードで入退室時に支払いできるようにするのが便利です。

次に「興味・欲求」（Interest/Desire）について、休憩ラウンジの利用は、必要があって利用する場合と、その空間が魅力的で利用する場合に分けられます。時間つぶしや早急な仕事など、必要があって利用する人には特に訴求しなくとも利用してもらえますが、一方で、空間に魅力を感じて利用する人を増やすにはどうすればよいでしょうか。ビーズソフアなどのリラクゼーション機具を充実させることが、ひとつの答えです。リラクゼーション機具を取り扱っている企業と提携し、商品をスペースに置くことでより快適な環境を提供したり、場合によってはその広告費で運営をまかなったりできると理想的ですね。

待ち合わせや暇つぶしに立ち寄る利用客に向けては、ちょっとしたカフェを併設してもいいかもしれません。カフェを併設する場合、スペース利用料を払っている利用客はドリンク飲み放題にする、などのオプションもあります。

そして「行動」(Action) については、休憩ラウンジは駅に併設されるため、駅の利用者が主に利用すると考えられます。定期的にラウンジを利用してもらうために、カフェ利用や提携企業の買い物に使えるポイントを付与すると、リピーターにつながるでしょう。

施策評価

最後に、考えた施策について評価していきます。実現した場合の効果と実現可能性、経済的・人的なコスト面を考え、費用対効果の高い順に並べていきましょう。

- Wi-Fi と電源を設置する

・カフェを併設する
・スペース利用料を払う人はドリンク飲み放題にする
・ICカードで入退室時に支払いできるようにし、ポイントを付与する
・リラクゼーション商品を取り扱う企業と提携する

おわりに

この問題は国内の大手ITコンサルティング企業で出題された問題です。実際の出題形式は、事前に与えられた情報をもとに、5〜6人のグループメンバーと話し合うグループディスカッション型のケース問題でした。他のケース問題とは異なり、要因特定の部分を省略しましたが、現状分析から利用者のニーズを把握し、目的達成するために一番効果的な課題（核心）を特定するという本質は変わりません。

実際のグループディスカッションでは、進行・議事・タイムキーパーのように役割分担をすることがあります。いずれかの役割に立候補する場合は、役割を全うするだけでなく、自分の意見を発言することも忘れないようにするのがポイントです。また、役割がない場合でも、全体を俯瞰《ふかん》し、アイデアの拡散・収束どちらのフェーズなのか考慮しつつ、そし

てテーマや目的から議論が逸れていないかを考えながら議論を活性化させることで評価につながります。

動物園の来園者数を増やすには？

難易度：★★★★☆

三重県のR動物園では新型コロナウイルスの流行以来、来園者数の減少が問題となっています。あなたはR動物園の園長さんから、「動物園の来園者数を増やすにはどうすればいいか」と相談を受けました。

3年間で年間のべ来園者数を増やすための中期的な施策を考えてみましょう。

現状分析

R動物園の年間のべ来園者数は以下の因数分解にて導出されます。

年間のべ来園者数＝(A)全国の動物園来園者数×(B)R動物園選択率×(C)1人あたりの年間来園回数

この式を見て、まず(A)全国の動物園来園者数は統制するのが難しい値であることがわかります。(B)R動物園選択率と(C)1人あたりの年間来園回数については、比較的改善の余地がありそうだと考えることができるため、これら2つに焦点を当てて考えていきましょう。

まずは(B)R動物園選択率について、「4P」というマーケティングフレームを用いて考えましょう。4Pとは「製品(Product)」「価格(Price)」「流通(Place)」「プロモーション(Promotion)」に着目するもので、今回の動物園の場合、顧客の認知(Promotion)、訪れたいと思う(Product)、訪れる(Place, Price)というフローそれぞれの判断基準を分解していく考え方です。

実際に、来園者がR動物園に足を運ぶまでのプロセスに「4P」を適用してみましょう。

まず認知(Promotion)——つまり、R動物園の存在を認知してもらうことが大切です。地

方の動物園は、その動物園がある県内でしか知名度がない場合がほとんどです。より多くの地域にリーチするためには、

①動物を扱うＴＶ番組で特集を組む
②遠足などを扱っている旅行代理店のチラシに載せる

などの施策が挙げられます。

次に訪れたいと思ってもらうための商品（Product）づくりです。R動物園の認知が広まっても、「行ってみたい」と思ってもらえる魅力がなければ来園者になってもらえません。

動物園については、動物の赤ちゃんや子供は人気があるため、

③動物の赤ちゃんが産まれたことをＳＮＳで発信する

という施策が有効だという仮説が成り立ちます。また団体客でも家族連れでも子供の割合が多いと考えられるため、

④子供向けのワークショップやショーを導入する

のもいいでしょう。

最後に、実際に来園者が「訪れる」（Place, Price）ための施策を考えます。車を持っていない来園者も気軽に来られるように、

⑤最寄り駅からシャトルバスを運行する

などの選択肢が挙げられます。

次に（C）1人あたりの年間来園回数を増やすための方法を考えます。平たく言えば「リピーターを増やす」ということです。

来園者のリピート回数を増やすには、コアなファン層を獲得することが大切です。4Pのフレームで考えると、「訪れたいと思う」（Product）の部分において、飽きない魅力的なコンテンツの質と量を保ち続けることが大切です。

コンテンツの質とは何でしょうか。動物園においては、快適に過ごせる清潔さや地域に

おける動物園の位置づけが挙げられます。動物園のコンテンツを魅力的にするための手段には、

⑥コミュニティカフェを併設し、サードプレイスとして地域の人が集える場所にする
⑦広めの休憩広場を開設し、家族連れがピクニックも楽しめる場所にする

などが考えられます。
コンテンツの量とは、具体的には企画立案力や年間のイベント開催回数です。

⑧定期的にナイトズーを開催し、社会人や学生が学校・仕事帰りに寄れるスポットにする

といった方法で、動物園のコンテンツを充実させていくことができます。

要因特定

次に施策のターゲット候補を特定するために、平日と休日それぞれについて、客層ごと

にどのようなタイプの来園者が多いのか、セグメント分けを行います（図表10）。

この表の中で、特に母数が多そうな「社会人の友達同士」「休日の家族連れ」「平日の団体客」にターゲットを絞ることが効果的だと思われます。これらの層に効果的なアプローチを検討します。それぞれの客層が動物園に来る要因を特定してみましょう。

まず社会人の友達同士のグループについて、社会人が仕事のない休日にわざわざ動物園まで足を運ぶには、①なんとなく行く気分になった場合と、②何か理由があって訪れる場合の2つに分けられます。①の来園者は、知り合いからおすすめされた、以前から広告が気になっていた、などの理由が考えられます。これらは（B）R動物園選択率と関連します。一方で②の割合を増やすためには、社会人向けのコンテンツを確保することや、企業の福利厚生として優待券を配ることなども視野に入れられます。

	平 日	休 日
学 生	団体が多い	友人同士が多い
社会人	友人同士あるいは団体が多い	1人あるいは友人同士が多い
ファミリー	あまり来ない	よく来る

図表10　来園者のセグメント分け

休日の家族連れについては、親が子供のために来園する割合が高いです。なので、子供が行きたいと思う動物園にすることが、家族連れを増やすための目標となります。最近は大人のみならず、子供もSNSを使用している場合が多く見られるため、SNSでの宣伝が有効です。また動物を扱ったTV番組も見ているでしょうから、TVで紹介されやすいコンテンツを増やすことも、家族連れの来園につながります。

最後に平日の団体客について、学校などの団体客は近隣地域から訪れる場合が多いです。そのため近所の学校に直接営業をかけることや、旅行代理店のパンフレットにポスターを載せることが効果的でしょう。

施策立案

ここまでの分析をもとに、大きく3つの方向性を提案します。

- 社会人向けにサードプレイスとして新たな地位を確立する

既存の動物園の概念を覆し、カフェや遊具を設置したピクニック広場、博物館などを併設した大型遊園施設にするのはどうでしょうか。カフェを併設するだけでも、気分転換がてら、リモートワークをしに来る社会人層もいるかもしれません。しかし、これには施工するために大規模な予算が必要となるため、コスト面での問題があります。

・動物の赤ちゃんが産まれたことをSNSで発信する

コンテンツの魅力をより広い範囲の層に届けるためには、SNSを運用することが考えられます。R動物園の来園者数が減少している背景には、新型コロナウイルスの流行により、人々のオンライン志向が急速に進んだことがありました。それを逆手にとり、SNS上で動物園の魅力を発信するのはどうでしょうか。動物の赤ちゃんや子供は人気があるため、定期的に更新していれば、どこかのタイミングでTV番組に取り上げられることもあるかもしれません。ただし、SNSを始めてから成果が出るまで、ある程度の時間は必要でしょう。

・子供向けのワークショップやショーを導入する

来園者に占める子供の割合は依然として高いため、子供たちが楽しめるコンテンツは必要です。園内で実施するワークショップだけでなく、学校に出張して授業をするワークショップを行ってみると、その後の来園者獲得にもつながるかもしれません。

施策評価

ここからは実際に考えた施策について、効果が見込める順に並べていきます。評価基準としては経済的、人的コストがかかりすぎないか、そして施策を始めてから効果が出るまでにどれくらいの期間が予想されるか、などです。今回の3つの施策について、実際に順位づけをすると次のようになります。

- 子供向けのワークショップやショーを導入する
- 動物の赤ちゃんが産まれたことをSNSで発信する
- 社会人向けにサードプレイスとして新たな地位を確立する

ＳＮＳと社会人向けサードプレイス化は、（Ｂ）Ｒ動物園選択率につながりそうです。また、子供向けコンテンツやサードプレイス化は、（Ｃ）１人あたりの年間来園回数に貢献すると言えますね。

おわりに

この問題は、実際にエンターテイメント業界での就職活動を行った学生の経験をもとに作ったオリジナル問題です。エンタメ業界志望の方は特にしっかり考えてみてもらいたいと思います。

地方の空き家を減らすには？

難易度：★★★★☆

Y県の中心部は商業や観光・サービス業が盛んです。しかし田舎のほうにいくと、放置されている空き家がこの20年間で180万戸も増加しています。土地・建物の有効活用や治安の面から、空き家が増えることは望ましくありません。

あなたはY県の政策企画室の職員から「田舎の空き家を減らすにはどうすればよいか」と相談を受けました。

田舎の空き家を減らすための中期的な施策を考えてみましょう。

現状分析

空き家を減らすアプローチとして、空き家を物理的になくしていく直接的な方法と、空き家の要因に着目し、発生を未然に防ぐ間接的な方法があります。

直接的な方法は、空き家を取り壊すか、リフォームして別の建物に改修する方向性が考えられます。

間接的な方法は、「個人」「環境」の要因で考えることができます。個人的要因に関しては、

①物置として使用している状態
②家主が経済的に維持管理や解体の費用が捻出できない状態
③②と反対に、家主が金銭面で困っていないため、売却せずに放置している状態

環境的要因に関しては、

④家主が親族や地域内のつながりがなく、孤独死して空き家が放置されている状態
⑤シャッター商店街の風景を見慣れており、空き家に対して問題意識がない状態

に分類できます。これを図にまとめるとこのようになります（図表11）。これらの要因に対してアプローチしていくことが空き家対策になります。

要因特定

現状分析で出てきた課題を、より一層細分化していきます。

①物置として使用している場合は、空き家の中に物がたくさん放置されています。仏壇など捨てられないものや処理が面倒くさい大きな家具がある場合、簡単には空き家を手放すことができなくなってしまいます。

②家主が経済的に困窮しているケースでなくても、家主が高齢で家族と疎遠である場合、空き家が管理されないまま放置されてしまうことがあるでしょう。

③これまでの貯蓄や不動産収入で十分暮らせるため、空き家を放置していても困らない人もいます。

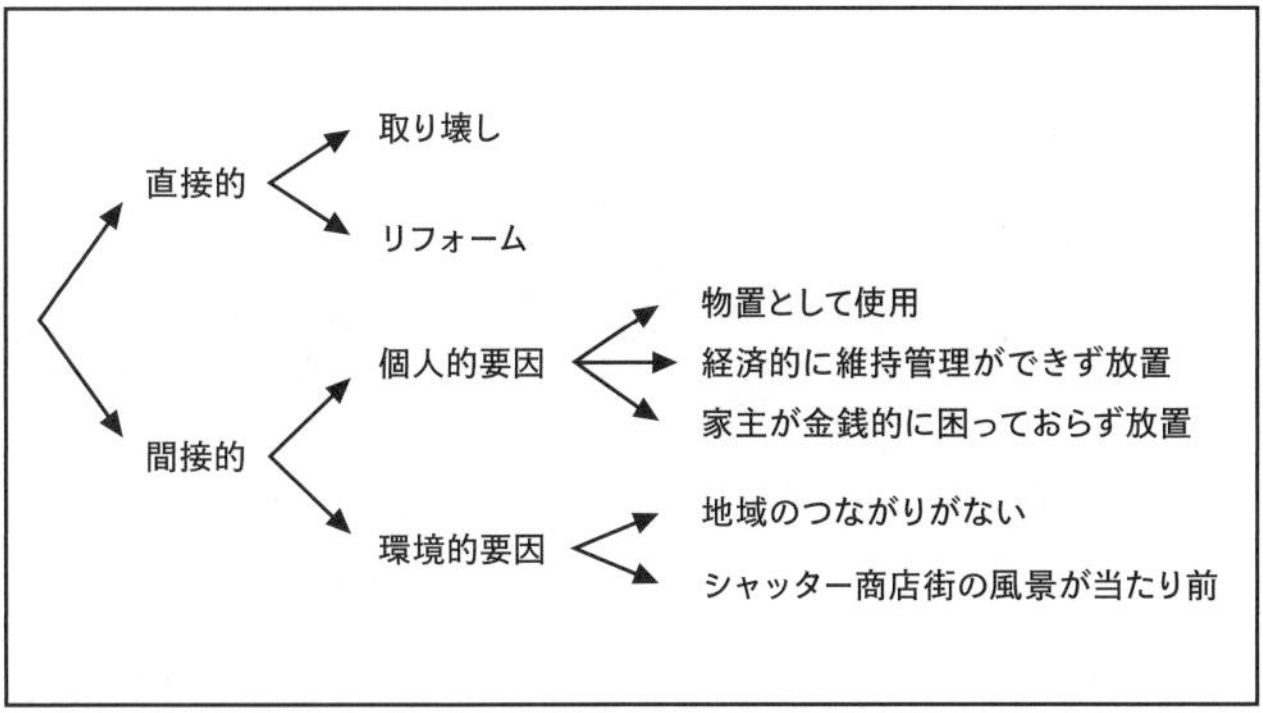

図表 11　空き家対策のアプローチ

④地方では少子高齢化が急速に進行しています。家主に家族や地域の人とのつながりがないと、孤独死を迎えたまま、家の引き取り手が現れない場合もあります。

⑤シャッター商店街がある地域では、空き家に対して問題意識がない場合もあり、空き家が増えることの何がよくないのか、意識改革をすることで空き家の増加を抑えられるかもしれません。

施策立案

ここまでの情報を整理したところで、大きく3つ、対策の方向性を提案します。

- 空き家にかかる固定資産税を増やす

Y県の中心部は、商業や観光・サービス業が盛んですが、地方の空き家問題がこのまま増加すると犯罪の温床にもなり、Y県のイメージが下がってしまいかねません。一方で放置された空き家を問答無用に取り壊そうとしても、大抵の場合、家主に受け入れてもらえません。そこで固定資産税を増やすことで、金銭的に空き家を手放さなければならない状況を作り、空き家の数を減らすことができるといえます。また固定資産税が増えれば、そのまま空き家対策予算に充てることもできます。

- 親族と疎遠な高齢者をNGO法人で把握する

家族と疎遠な高齢者は孤独死を迎える可能性が高く、その後の空き家のもらい手を見つけることが大変な場合があります。そこで地域内のコミュニティを作って、友達を見つけたり、空き家などの問題に関する相談窓口を設けたりすることで、空き家が発生する前に何かしらの事前対策を打っておくのです。一方で、人手の確保が容易ではないという懸念点もあります。

- 空き家をリノベーションする

金銭面で困窮している家主に対して、自治体の予算を用いて空き家をリノベーションし、地元の特産物を使用したカフェや古民家に改装することで観光業につなげるのがこの施策です。一方で、自治体にかかる金銭的・業務的負担が大きいため、空き家引取り業者を発注することも解決策となり得ます。

施策評価

他の問題と同様、実際に考えた施策について、効果が見込める順に並べていきます。固定資産税を増やすことは、制度さえ変えてしまえば簡単です。NGO法人の活動やリノベーションは人的、経済的コストがかかるため、費用対効果という面では評価が下がります。よって次のような評価順となります。

- 空き家にかかる固定資産税を増やす
- 親族と疎遠な高齢者をNGO法人で把握する
- 空き家をリノベーションする

おわりに

この問題は、就活生の実体験をもとに作成した、DXコンサルティング会社で出題されがちな典型的なケース問題です。

ケース問題は、ビジネスの戦略を練るのに役立つだけでなく、公共政策を考えるのにも有効です。今回の空き家問題のような全国共通の課題は、原因がひとつに限定できず、複数の原因が複雑に絡み合っている場合が多いです。原因やアプローチをもれなくダブりなく整理するためには、今回のように図で可視化するのがおすすめです。

化粧品メーカーの売上を伸ばす新たな戦略を考える

難易度：★★★★★

この世の中はたくさんの化粧品であふれています。

あなたは、国内シェア1位の化粧品を取り扱う企業の開発事業部から「今までにない新しい商品やサービスを作って売上高を伸ばしたい」と相談を受けました。

今までにない、画期的な商品やサービスのアイデアを提案し、売上に貢献する戦略を立ててみましょう。

現状分析

新しい商品・サービスを提案するにあたっては、現状分析→ターゲティング→施策立案の順番でプロセスを進めていきます。

まずは現状を知ることが必要です。今回は3C分析を行いましょう。

3C分析とは、「顧客・市場（Customer）」「競合（Competitor）」「自社（Company）」の3つの観点から企業を取り巻く環境を分析するフレームです。顧客のニーズや行動パターン、自社の強み・弱み、競合他社のビジネス戦略など包括的に調査し、市場参入の戦略立案をするのに適したツールです。

まずは顧客・市場のニーズや行動パターン、また化粧品業界の市場規模や成長性を分析します。市場全体とその中の顧客に分けて、それぞれ特徴を挙げていきましょう。

〈市　場〉

- 化粧を毎日定期的に使用する人は大多数いるため、必需品の売上は安定している
- 化粧品自体は女性向けのものが多いが、最近は男性も化粧するようになってきている
- 高級化粧品はプレゼントとして重宝されている

- 新型コロナウイルスの流行でリモートワークが定着し、化粧をする機会が減った
- 急速にグローバル化が進み、英語の必要性を感じている
- オンラインショッピングの安い化粧品が流行っている
- 最近は小学生の頃からメイクしだす風潮がある
- 韓国は化粧や美容大国だというイメージが定着しており、国内でもKポップアイドルとコラボした化粧品が多い

〈顧客〉

- 丁寧な暮らしをしてみたいけど何から手を付けたらいいのかわからない
- 化粧水や乳液など肌に直接触れるものはちゃんと効果があるものを使いたい
- 口コミがいい商品は気になる
- 服やメイクで気持ちのメリハリをつける
- パッケージがキラキラしていると可愛くて気分が上がる
- タイパ（タイムパフォーマンス）重視で手抜きをする機会が増えた
- 化粧落としが面倒くさい

- 電車内では常にスマホを触っている
- デジタル疲れを感じている
- 趣味が見つからない

次にやるべきなのが、競合企業の分析です。競合企業の商品やサービスだけでなく、その企業の業界内での位置づけ、影響力、資金や収益性、PR方法も考慮します。今回は国内シェア2位の化粧品メーカーを架空の競合他社として想定し、特徴を洗い出します。

- 国内シェアは多いものの、1位の商品がない
- 良い意味でブランドに企業っぽさがない（商品力がある）
- 自己資本比率が高く経営が安定している
- 成長率が高い
- 広告で世間から長く愛されているアスリートを起用し、売上高が大きく伸びた
- 女性向けより男女兼用のイメージを押し出している

最後に、自社（国内トップシェアの化粧品メーカー）の分析です。競合他社の分析と同様、商品の特徴やPR方法、資本力、企業のMVV、市場シェアの情報をまとめ、自社が保有しているリソースも把握していきます。

- 海外シェアが高い
- 国内シェア1位の化粧品が多い
- 安定した化粧品企業というイメージがある
- 自社の研究所を保有している
- プチプライスコスメのシェアは競合他社の方が高い
- 分析から戦略策定、プロモーションまでPDCAを自社のマーケティングチームで回している
- 最近、ITインフラを整備した
- 化粧品以外にレストランも経営している

ここまでの情報から、自社はこれまで安定した企業イメージで人々から信頼を得てきた

ことがわかります。そこで今回は、挑戦を続ける企業というイメージを新たに発信するために、いまだ発展途上にある、ビジネスパーソンの仕事の空き時間に着目し、あらゆるビジネスパーソンに自分の時間をワクワク過ごしてもらうことをコンセプトに、新しい商品・サービスを提案します。

施策立案

現状分析より、おおまかなターゲットが「ビジネスパーソン」に絞られました。既にある商品を売り出すマーケティング施策を考案する場合はここで4P分析をすると有効ですが、今回はこれまでにない新しい商品・サービスの立案が目的なので、顧客インサイトやニーズを踏まえながら自社の強みを生かした新しい製品やプロモーションを探っていきます（4P分析については本章の「動物園の来園者数を増やすには？」を参照してください）。

- 海外拠点を駆使したパッケージツアーを展開する

年を重ねるにつれて、自分が背負う責任も大きくなり、人生の生きがいや心の余裕が少なくなりがちです。これといって休みにやりたいこともなく、最近ワクワクすることが減ったと感じているビジネスパーソンもいるでしょう。そこで、自社の海外拠点を駆使したパッケージツアーを展開します。ただ顧客の旅行支援をするだけでなく、旅行を通して顧客の美容意識向上、心の豊かさを育むとともに、将来的には自社製品の良さや世界的な企業のイメージアップにつながるといえます。パッケージツアーに限らず、海外出張の手伝いや、一から旅程を組み立てるカスタマイズツアーもできるでしょう。

●外す必要がない、肌に吸収されるフェイスマスクを開発する

ビジネスパーソンは忙しく、時間がないことが多いです。そこで、フェイスパックで丁寧に肌のケアをしたいけど、疲れているから面倒くさいし、パックをつけたまま寝ちゃったら肌が乾燥して嫌だという気持ちが勝ってしまうというビジネスパーソンに向けて、溶けて肌に吸収されるフェイスマスクを開発することを考えます。技術面でも革新的で、驚きをもって受け止められるでしょう。マスクを付けたら外す必要はなく、ちょうどいいタイミングでマスクが肌に吸収され、潤い補給から保湿までオールインワンでできるため、肌

の健康が保たれるだけでなく、洗顔後の時間をもっと自由に使うことができます。懸念点は、肌に吸収されるマスクを研究所で開発するためには高い技術力が必要であることです。

- 期間限定で電車内にアロマ商品を使ったリラクゼーション車両を作る

多くのビジネスパーソンは電車に乗って通勤します。電車内ではとりたててやることもなく、ずっとスマホの画面を眺めていることも多いでしょう。そこで一日の始まりと終わりをもっと快適に過ごしてもらうために鉄道会社とコラボレーションし、アロマミストや照明に凝ったリラクゼーション車両を期間限定で作ってみるのはいかがでしょうか。商品の宣伝にもなりますし、自律神経やストレスマネジメントなど心の美容に特化したサービスで国内シェアを勝ち取るきっかけにもなるのではないでしょうか。

施策評価

ここまで挙がってきた施策について、効果が見込める順に並べていきます。

肌に吸収されるフェイスマスクは、技術的に実現可能かどうかという問題が残ります。

海外でのパッケージツアーは、旅行という全く異なる業態への参入となるため、実現のためには負担も大きいでしょう。それに比べるとリラクゼーション車両は実現のハードルが比較的低いといえます。つまり、施策評価は次のような順番となります。

- 期間限定で電車内にアロマ商品とコラボした車両イベントを実施する
- 海外拠点を駆使したパッケージツアーを展開する
- 外す必要がない、肌に吸収されるフェイスマスクを開発する

おわりに

この問題は世界的に展開する大手コンサルティング会社で出題された問題です。

今回の問題は、「これまでにない新しい」商品・サービスがテーマでした。しかしアイデアベースだけで商品・サービスを考えようとするのは無理難題です。なぜなら顧客や市場、競合他社や自社の現状を隅々まで把握することで初めて、世間で必要とされている商品やサービスが何なのかを考えることができるからです。そのため、難易度が高い問題ではありますが、この問題に対してロジカルに仮説を展開できたら、ケース問題の理解度はかな

り深まったと言っていいでしょう。

第3章

判断推理

第3章では、判断推理と呼ばれる問題を解いていきます。このタイプの問題は公務員試験で数的処理の問題として出題されることが多いですが、一部コンサルティングファームの筆記試験でも出題されていると言われています。

この問題は、問題文で与えられた複数の条件を理解し、全ての条件に合った選択肢を選ぶという形式になっています。そのため他の章の問題とは異なり、正解がただ一つに定まっています。この問題では、長い文章を適切に読む読解力、膨大な情報をまとめる情報処理能力、そしてそれらの条件を駆使する論理的思考力が試されています。

問題文は一読するだけでは理解が難しいため、紙とペンを使って情報を整理する必要があります。そのうえ、条件を踏まえた上で場合分けをするなど地道に調べ上げなければならない問題も多く、手間がかかる問題になっています。

これだけ聞くとなんだか難しそうに聞こえるかもしれませんが、この問題には幅広い知識や計算能力などは必要ありません。数的処理だけではなく読解力も必要になるため、文系の人でも取り組みやすい問題になっています。簡単な暗号を解読する問題や、文章を読んで嘘つきを探す問題など、パズルのようにとても手がつけやすいとさえ言えます。

また、パズルのようなものなので明確な解き方が決まっているわけではありません。ある程度出題パターンは決まっているものの、解き方のパターンを暗記すればいいというものでもありません。対策方法としては、演習経験を積んで問題文を整理するのに慣れることが一番大事です。まずは悩みすぎず、クイズ感覚で問題を解いてみましょう！

メガネをかけた人はどこ？

難易度：★☆☆☆☆

A、B、C、D、Eの5人が前を向いて横一列に座っています。以下は、異なる5人の発言です。

ア：メガネをかけている人は、私の左隣に座っている
イ：私の右隣にはCが座っている
ウ：私から右に3番目にはAが座っている
エ：私の左隣にはB、Bから左に2番目にCが座っている
オ：私の左隣にはDが座っている

5人のうち1人だけがメガネをかけているとしたら、それは誰でしょうか？

考え方

この問題では、発言者が不明な発言が5つあり、それぞれ誰が発言したものなのかを考えて条件に適した人を選ぶ問題になっています。

まずは、5つの条件を図に表してみましょう。メガネをかけている人を「メ」、ア〜オの

左				右
メ	ア			
	メ	ア		
		メ	ア	
			メ	ア

図表12　発言ア

左				右
イ	C			
	イ	C		
		イ	C	
			イ	C

図表13　発言イ

左				右
ウ			A	
	ウ			A

図表14　発言ウ

左				右
C		B	エ	
	C		B	エ

図表15　発言エ

左				右
D	オ			
	D	オ		
		D	オ	
			D	オ

図表16　発言オ

発言者を「ア〜オ」で表して、それぞれの条件から考えられる状況を書き出してみましょう（図表12〜16）。

全部を一度に考えることはできないので、まずはパターンの少ない発言ウ・エについて考えます。共通の人物は条件に出てきていませんが、特定のパターンではAとBが同じ場所に入っています。そのパターンが重なることを考えると、ありえるパターンは図表17のようになります。

次に、共通の人物が出ている条件を見てみます。今考えているパターンの中では、発言イでCが出てきます。発言イのパターンをみてみると、Cが一番左端にいるパターンはありえません。そのため、今考えている3パターンのうち一番下のパターンしかありえないことがわかります。そのことを反映させると、ありえるのは図表18の状況だけだとわかります。

この段階で使っていない発言はアとオですが、まだメガネをかけている人についての情報が何もないので、先に発言オを考えてみます。パターンを比較すると、アルファベット同士やカタカナ同士は同じマスに入れないため、考えられるパターンは1通りしかありません（図表19）。

最後に発言アを考えると、イ〜オの人の場所は決まっているのでアの人の場所も決まり、最終的に全ての人の場所がわかります（図表20）。

よって、メガネをかけているのはCとなります。

左				右
C, ウ		B	A, エ	
C	ウ	B	エ	A
	C, ウ		B	A, エ

図表 17

左				右
イ	C, ウ		B	A, エ

図表 18

左				右
イ	C, ウ	D	B, オ	A, エ

図表 19

左				右
E, イ	C, ウ, メ	D, ア	B, オ	A, エ

図表 20

おわりに

　この問題は、裁判所事務官の採用試験で出された問題です。公務員試験では順序関係と呼ばれるパターンの問題です。例題とは違って場合分けの必要も少なく、比較的簡単な問題でした。

　今回の問題は最終的に全員の位置がわかりましたが、最後まで確定できず複数パターンが残ってしまう問題もあります。そのような場合でも選択肢を見れば解けるようになっているので、焦らず問題全体に目を通しましょう。

お弁当のおかず

難易度：★★☆☆☆

ある幼稚園では、図のように4人ずつのグループで円卓を囲んでお弁当を食べることになっています（図表21）。ある日のA、B、C、Dの4人のお弁当に入っているおかずの種類を数えると、ハンバーグ、ベーコン巻き、春巻き、トマト、ブロッコリー、ポテトサラダの6種類でした。どの子供のお弁当にも、いずれか3種類ずつが入っており、向かいの人と同じおかずは1つもなく、隣の人とは同じおかずが少なくとも1つあったといいます。4人のお弁当のおかずについて次のことがわかっているとき、選択肢のうち確実に言えるのはどれか。

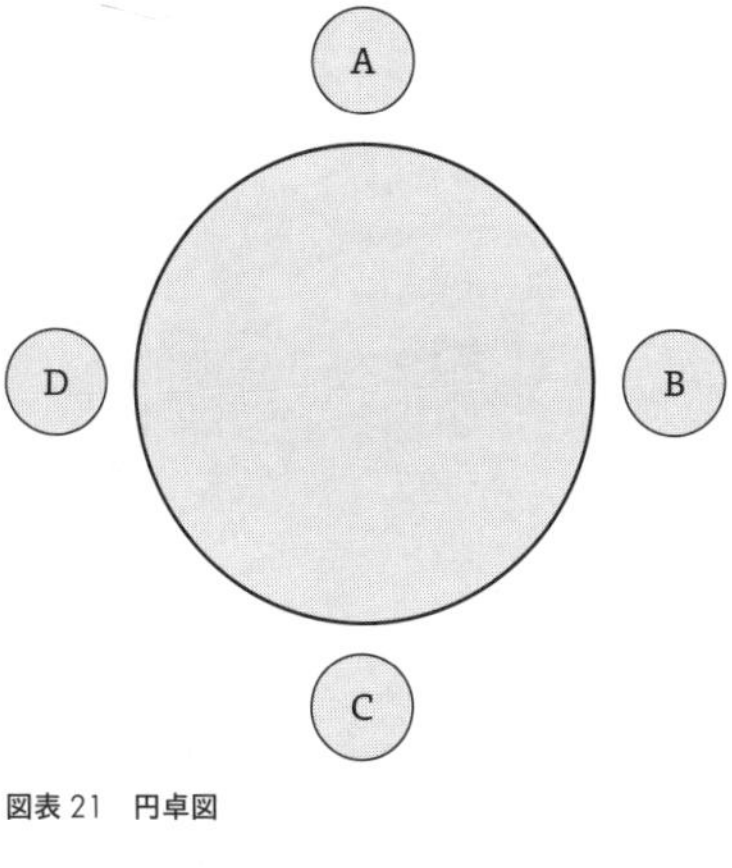

図表21　円卓図

〈わかっていること〉

Aには、ハンバーグとポテトサラダが入っていた
Bには、Aと同じおかずが2つあった
Cには、トマトと春巻きが入っていた
Dには、春巻きもブロッコリーも入っていなかった

〈選択肢〉

①AとBのお弁当には、どちらもブロッコリーが入っていた
②AとDのお弁当には、どちらもハンバーグが入っていた
③BとCのお弁当には、どちらもハンバーグが入っていなかった
④BとDのお弁当には、どちらもポテトサラダが入っていなかった
⑤CとDのお弁当には、どちらもポテトサラダが入っていなかった

考え方

今回の問題は、4人のお弁当に入ったおかずが何かを当てる問題です。今回も情報を表

にまとめることで問題を解いていきましょう。人数もおかずの種類も全てわかっているので、図表22のような表を使ってみます。

はじめに、問題文に書かれている条件を書き出してみましょう。与えられた条件は、

条件1：どの子供のお弁当にも3種類のおかずが入っている
条件2：向かいの人と同じおかずは1つも入っていない
条件3：隣の人と同じおかずが少なくとも1つある

の3点です。また、わかっていることが4つあります。それぞれ条件4～7と呼ぶことにします。

条件4：Aには、ハンバーグとポテトサラダが入っていた
条件5：Bには、Aと同じおかずが2つあった

	ハンバーグ	ベーコン巻き	春巻き	トマト	ブロッコリー	ポテトサラダ
A						
B						
C						
D						

図表22

条件6：Cには、トマトと春巻きが入っていた
条件7：Dには、春巻きもブロッコリーも入っていなかった

まずはわかりやすい条件4・6・7を表に書き込んでみます。入っているおかずを○、入っていないおかずを×で表すと図表23のようになります。

次に条件1・2を考えてみます。条件1「おかずの種類は6種類で1人3種類ずつ」と条件2「向かいの人が持っているおかずは入っていない」を合わせて考えると、どの人も向かいの人の持っていないおかずは全て入っています。このことを表に反映すると図表24のようになります。

ここからは場合分けが必要になり、やや複雑になってきます。

条件3・5が残っていますが、より厳しい条件で場合分けの分

	ハンバーグ	ベーコン巻き	春巻き	トマト	ブロッコリー	ポテトサラダ
A	○					○
B						
C			○	○		
D			×		×	

図表23

	ハンバーグ	ベーコン巻き	春巻き	トマト	ブロッコリー	ポテトサラダ
A	○		×	×		○
B			○		○	
C	×		○	○		×
D			×		×	

図表24

岐を減らせそうな条件5から見ていきます。Bのおかずが3種類を超えないように場合分けすると、次の2パターンに分けられます。

場合分け① 図表25
場合分け② 図表26

場合分け①を先に考えてみます。条件1より、すでに3種類のおかずが決まっているAとBのおかずが全て決まり、図表27のようになります。

そしてCとDのおかずも、向かいの人のおかずが決まったため図表28のように決定できます。

この答えは条件3も問題なく満たしています。

	ハンバーグ	ベーコン巻き	春巻き	トマト	ブロッコリー	ポテトサラダ
A	○		×	×	○	○
B	○		○		○	
C	×		○	○		×
D			×		×	

図表 25

	ハンバーグ	ベーコン巻き	春巻き	トマト	ブロッコリー	ポテトサラダ
A	○		×	×	○	○
B			○		○	○
C	×		○	○		×
D			×		×	

図表 26

次に、場合分け②を考えてみます。場合分け①と同様に、条件1・2を使って表を埋めていくと図表29のようになります。

この場合も条件3を使っていませんが、条件3も問題なく満たしています。

与えられた選択肢のうち、場合分け①②いずれの場合にも当てはまるものは、「①AとBのお弁当には、どちらもブロッコリーが入っていた」のみなので、正解は①となります。

おわりに

この問題は人事院の採用試験で出題されたものです。さきほどの問題よりも表の行が増えましたが、やるべきことや情報のまとめ方

	ハンバーグ	ベーコン巻き	春巻き	トマト	ブロッコリー	ポテトサラダ
A	○	×	×	×	○	○
B	○	×	○	×	○	×
C	×		○	○		×
D			×		×	

図表27

	ハンバーグ	ベーコン巻き	春巻き	トマト	ブロッコリー	ポテトサラダ
A	○	×	×	×	○	○
B	○	×	○	×	○	×
C	×	○	○	○	×	×
D	×	○	×	○	×	○

図表28

	ハンバーグ	ベーコン巻き	春巻き	トマト	ブロッコリー	ポテトサラダ
A	○	×	×	×	○	○
B	×	×	○	×	○	○
C	×	○	○	○	×	×
D	○	○	×	○	×	×

図表29

は同じで、情報を表に書き出すだけです。

今回の問題は、解く上では必要のない条件が入っていました。常に全ての条件が問題を解く上で大事になるわけではありませんので、どの条件から検討していくかのセンスが問われます。ただし、使わなかった条件も最後に適しているか確認しておかないと、場合分けをした中で不適切な場合を除けなくなってしまいます。答えが出た後、最後に改めて全ての条件に合っているか見直しをするようにしましょう。

ＰＫ戦

難易度：★★★★☆

Ａ、Ｂのサッカーチームがヽ戦をします。ルールは以下の通りです。各チーム１人ずつ交互にボールを打ち込み、ゴールに入った点数を競います。１回ゴールに入ると１点、外れたら０点です。５人ずつボールを蹴って、多くの得点を挙げたチームが勝ちです。もし５人目終了時に得点が同じならば延長戦を行い、勝敗がつくまで１人ずつ交互にボールを蹴ります。
　その結果について次のア〜オのことがわかっているとき、次の選択肢のうち確実に正しいのはどれでしょうか。

〈わかっていること〉

ア：Aチームの2人目は得点を入れた

イ：Aチームは、全部で3人が得点を入れた

ウ：Aチームが2人続けてシュートを外したのは1回だけだった

エ：両チームとも、4人目は得点を入れた

オ：両チームとも、2人続けて得点を入れたことはなかった

〈選択肢〉

①Aチームが、2点差で勝った

②Bチームが、1点差で勝った

③Bチームの7人目は、得点を入れられなかった

④両チームとも、2人目は得点を入れられなかった

⑤8人目で勝敗がついた

考え方

問題文が長く、読むだけで疲れそうな問題ですが、よく読んでみると、

- PK戦を5回行う
- 5回で勝負が決まらなければ延長戦を行う
- ア～オは正しい

ということしか言っていません。それでは、ア～オの条件を整理してみましょう。

判断推理で条件がたくさん出てきたときは、適切な図でその情報を見やすくすることが大事です。この問題はPK戦をテーマにしているので、図表30のような、よく見る得点表の形でまとめてみましょう。

得点が入ったときは○、入らなかったときは×で表すことにします。

条件のうち、ア、イ、エは表に書き込みやすいですね。

	1	2	3	4	5	…	計
A						…	
B						…	

図表30

ア：Aの2人目に○を入れる
イ：Aの最終的な得点は3点
エ：両チームの4人目に○を入れる

これをまとめると図表31のようになります。

また、オの条件から、○が入った欄の左右が×だとわかります。
ア、イ、エ、オの条件をまとめると、図表32のようになります。

この時点でAチームの得点とゴールを入れた回数が合わないことから、延長戦があったことがわかります。そして、延長戦が行われるためには5人目までの合計点が同じでないといけないため、Bチームは1人目か2人目の一方は○、もう一方は×であるとわかります。
また、1~5人目でAチームが2人続けてシュートを外したことはありませんでした。そのため、残った条件のウより、延長戦でAチームが2人

	1	2	3	4	5	…	計
A		○		○		…	3点
B				○		…	

図表31

	1	2	3	4	5	…	計
A	×	○	×	○	×	…	3点
B			×	○	×	…	

図表32

続けてシュートを外したことがわかります。

しかし、これは簡単にまとめることはできません。Aチームが5、6人目で2人続けて外したのか、それよりも後で外したのかの場合分けが必要になります。

まずは5、6人目で2人続けて外した場合を考えてみましょう。

条件ウより、2人続けて外したのが1回だけで、Aの合計点が3点だったことから、7人目までは図表33のようになったことがわかります。


ここで問題となるのは、Bチームの7人目の結果です。ここまでの情報だけだと確定できないため、ありうる可能性について場合分けしましょう。

まずはBチームの7人目が○だったとき、条件オから、8人目は両チームともに×であったとわかります。そして得点が同じため延長戦が続きますが、Aチームは最終的な得点が3点であったため、9人目も×となります。これをまとめると図表34のようになりますが、これだと条件ウと矛盾してしまうので、正しい答えではないと判断できます。

	1	2	3	4	5	6	7	…	計
A	×	○	×	○	×	×	○	…	3点
B	○,×か×,○		×	○	×	×		…	

図表 33

	1	2	3	4	5	6	7	8	9	計
A	×	○	×	○	×	×	○	×	×	3点
B	○,×か×,○		×	○	×	×	○	×		

図表 34

次に、Bチームの7人目が×だったときを考えます。得点に差ができたので、7人目で試合が終了し、図表35のような結果となります。Aチームが5、6人目で2人続けて外した場合のありうる結果はこれのみです。

ここからは、図表32からの場合分けのもう一方の、Aチームが5、6人目よりも後で2人連続で外した場合を考えてみましょう。この場合、Aチームの5人目は×なので6人目は○となります。そして、Aチームの得点は3点なので、7、8人目は両方×になります(図表36)。

ここで9人目以降まで延長戦があった場合、Aチームの得点が3点を超えてしまうか、2人連続で×となるのが2回以上起こってしまい、条件に合いません。よって、8回までで延長戦が終わる必要があります。この場合の可能性は、8回目でBチームが得点することです(図表37)。

以上から、考えられる状況は図表35、図表37の2パターンだとわかり

	1	2	3	4	5	6	7	計
A	×	○	×	○	×	×	○	3点
B	○,×か×,○		×	○	×	×	×	2点

図表 35

	1	2	3	4	5	6	7	8	計
A	×	○	×	○	×	○	×	×	3点
B	○,×か×,○		×	○	×	○	×		

図表 36

ます。

いずれの場合も確実に言えるのは、選択肢のうち、「③Bチームの7人目は、得点を入れられなかった」のみとなり、これが答えです。

おわりに

この問題は、特別区の公務員試験の問題です。PK戦をテーマに、複数の条件を整理する問題でした。

この問題を通して、図表を用いて条件を整理すれば膨大な情報も正確に整理できるということを感じてもらえたと思います。判断推理では情報の整理が肝心だということを今一度強調しておきます。

	1	2	3	4	5	6	7	8	計
A	×	○	×	○	×	○	×	×	3点
B	○, ×か×, ○		×	○	×	○	×	○	4点

図表37

暗号

難易度：★★★★☆

ある暗号で「ベネズエラ」が「D02、I14、M26、S00、U18」、「リトアニア」が「B18、J20、K00、Q14、U00」と表せるとき、同じ暗号の法則で「コロンビア」を表したものはどれか。

① 「C02、H18、K07、Q18、U00」
② 「C19、J18、K02、Q11、U00」
③ 「E11、J18、Z00、Q02、U00」
④ 「A20、Z00、K26、Q14、U00」
⑤ 「B14、F11、K18、R07、U00」

考え方

今回の問題は、暗号を解読して正しい暗号を選ぶ問題です。問題文の情報を整理すれば解ける今までの問題とは少し毛色が違うように見えますね。実際、この問題を解くのには少しひらめきも必要になってきます。

それでは実際に解いていきましょう。まず、5文字の言葉が5つに区切られた暗号と対応しているので、「ベ」が「D02」、「ネ」が「I14」というように、各区切りに対して一文字ずつ対応していると予想できます。

では、それぞれの文字と暗号はどのように対応しているのでしょうか？

よく出題される問題のパターンとして、ひらがなの50音表に対応しているものや、暗号が3進数で表されているパターンのものがありますが、今回はローマ字表記と暗号が対応しています。

「ベネズエラ」を一文字ずつ見ていきます。

「BE」→「D02」

「NE」→「I14」

「ZU」→「M26」
「E」→「S00」
「RA」→「U18」

この中で、「BE」と「ZU」に着目すると、アルファベットで2番目のBが入った「BE」の暗号には「02」が、一番最後の26番目であるZが入った「ZU」の暗号には「26」が入っているのがわかります。ここから、暗号の数字は各文字の子音がアルファベットの何番目の文字かを表していると予想できます。

「ベネズエラ」の他の文字や、「リトアニア」についても同様のことが言える（子音がないものは00）ので、この予想は正しいでしょう。

これだけでも、選択肢から消去法で選んでいけば正解にたどり着けます。しかし今回はせっかくなので、暗号を完全に解読すべく、残りの文字の母音とアルファベットの対応を考えていきましょう。

「リトアニア」の2つの「ア」についてみてみると、別のアルファベットが割り当てられていますね。同じ音だからといって同じアルファベットが割り当てられるわけではないようです。「ベネズエラ」「リトアニア」の全ての母音について表にまとめてみます（図表38）。

ここから対応関係を考えてみると、下図（図表39）のように「AIUEO」の順番で母音が並んでいると推理できます。

この規則に従って選択肢の暗号を解読していくと、「コロンビア」の「コ」を表す暗号は、子音は11番目のアルファベット「K」なので、後半2つは「11」であることは確実です。暗号の最初の文字は、母音「O」に対応するアルファベットである「E11」「J11」「O11」「T11」「Y11」の5通りの可能性があります。選択肢のうち、これに該当するのは、③「E11、J18、Z00、Q02、U00」のみです。よって答えは③です。なお、2文字目以降も確認すると同じルールであることが確認できます。

暗号	A	B	C	D	E	F	G	H	I	J	K	L	M
母音		I		E					E	O	A		U

暗号	N	O	P	Q	R	S	T	U	V	W	X	Y	Z
母音				I		E		A					

図表 38

暗号	A	B	C	D	E	F	G	H	I	J	K	L	M
母音	A	I	U	E	O	A	I	U	E	O	A	I	U

暗号	N	O	P	Q	R	S	T	U	V	W	X	Y	Z
母音	E	O	A	I	U	E	O	A	I	U	E	O	A

図表 39

おわりに

この問題は、特別区の公務員試験の問題です。与えられた暗号を解読するという、少しひらめきの必要な問題でした。

暗号問題は、暗号化された言葉をローマ字で表してみたり、50音表での位置を考えると解けるものが多いです。他にも、暗号化に3進法などの数学的な方法が使われている問題もありますが、解くためのポイントは対応するものを表にまとめて規則を探すことである、というのはどんな問題でも共通しています。

おかわり無料の定食

難易度：★★★☆☆

A、B、C、D、E、Fの6人がレストランで一緒にランチを食べました。メニューは焼肉定食か煮魚定食で、ライスとスープのおかわりが無料でした。今、次のア〜カのことがわかっているとき、与えられた選択肢のうち、確実にいえるのはどれでしょうか。ただし、1人で両方の定食を食べた者はいなかったとします。

〈わかっていること〉

ア：Aは焼肉定食を食べた
イ：Bはスープのみおかわりした
ウ：CとEは異なった種類の定食を食べた

エ：Eはライスをおかわりしなかった
オ：ライスをおかわりした者は3人、スープをおかわりした者は4人であった
カ：煮魚定食を食べた者のうち、ライスとスープの両方をおかわりした者は3人であった

〈選択肢〉

①Aはライスをおかわりした
②Dは焼肉定食を食べた
③Fはスープをおかわりしなかった
④焼肉定食を食べた者はライスをおかわりしなかった
⑤煮魚定食を食べた者はライスをおかわりした

考え方

今回は、6人が食べた定食の種類とおかわりの有無を考える問題です。今までの問題の中で人数も条件も一番多い問題ですが、やることは変わらず情報をまとめるだけです。今回は、下の図表40のような表を用いて整理

	焼肉	煮魚	ライス	スープ
A				
B				
C				
D				
E				
F				
合計				

図表40

してみましょう。

まずはじめに、表に書き込みやすい条件ア・イ・エ・オを表にまとめてみると図表41のようになります。ここで、選んだ定食の種類には○、選ばなかった種類には×を入れ、おかわりをしたものには○、しなかったものには×を入れています。

これ以上簡単に表に書き込める条件はなさそうなので、ここからは場合分けをしてみましょう。まず、条件ウに着目して場合分けしてみると、①「Cが焼肉定食、Eが煮魚定食」と②「Cが煮魚定食、Eが焼肉定食」の2つの場合に分けられます。

	焼肉	煮魚	ライス	スープ
A	○	×		
B			×	○
C				
D				
E			×	
F				
合計			3	4

図表41

場合分け①から考えてみます（図表42）。残っている唯一の条件であるカを使いましょう。煮魚定食を食べた可能性のある人はB、D、E、Fの4人ですが、このうちB、Eはライスをおかわりしていません。そのため、煮魚定食を食べた人のうち、ライスとスープの両方をおかわりした人はD、Fの2人しかありえませんが、これは条件カと矛盾してしまいます。よって、場合分け①は現実には成り立ちません。

次に、場合分け②を考えてみます（図表43）。同様に条件カを使います。煮魚定食を食べた可能性のある人はB、C、D、Fの4人で、そのうちBはライスをおかわりしていません。そのため、残りのC、D、Fの3人は煮魚定食を食べ、ライスもスープもおかわりしたとわかります。

ライスとスープをおかわりした合計人数がわかっているので、図表44の情報をもとに、残りのわかる部分を埋めると図表45のようになります。

Bに関しては、どの定食を食べたのかまだわかっていません。この段階で選択肢①〜③は間

	焼肉	煮魚	ライス	スープ
A	○	×		
B			×	○
C	○	○		
D				
E	×	○	×	
F				
合計			3	4

図表42　場合分け①

	焼肉	煮魚	ライス	スープ
A	○	×		
B			×	○
C	×	○		
D				
E	○	×	×	
F				
合計			3	4

図表43　場合分け②

違っているとわかりますが、残りの選択肢を検討する上では、Bがどの定食を食べたのかも考慮しなければなりません。

選択肢④は、焼肉定食を食べたとわかっているA、Eについては正しいです。次に、Bがもし焼肉定食を食べていたとしたら、ライスをおかわりしていないので正しく、煮魚定食を食べているとしても、選択肢④と関係がないので正しいです。

選択肢⑤は、煮魚定食を食べたとわかっているC、D、Eについては正しいです。次に、Bがもし焼肉定食を食べているとしたら、選択肢⑤と関係ないので正しいですが、もし煮魚定食を食べていた場合、Bは煮魚定食を食べているのにライスをおかわりしておらず、必ずしも正しいとは言えなくなってしまいます。

以上から、正解の選択肢は「④焼肉定食を食べた者はライスをおかわりしなかった」と

	焼肉	煮魚	ライス	スープ
A	○	×		
B			×	○
C	×	○	○	○
D	×	○	○	○
E	○	×	×	
F	×	○	○	○
合計			3	4

図表44

	焼肉	煮魚	ライス	スープ
A	○	×	×	×
B			×	○
C	×	○	○	○
D	×	○	○	○
E	○	×	×	×
F	×	○	○	○
合計			3	4

図表45

なります。

おわりに

この問題は、特別区の公務員試験の問題です。表のマス目が多く、場合分けする必要もあって一見大変そうに見える問題ですが、結局やるべきことはここまでの問題と変わりません。

第3章では5問の判断推理の問題をみてきましたが、表にまとめて条件を整理することさえできれば、どんな問題も簡単に解けてしまうことがわかっていただけたと思います。

第4章

課題解決型 問題

第4章では、課題解決型の問題、すなわち正解のない問題について紹介します。しかし、「正解がない問題」という言葉を聞いてピンとこない方も多いのではないでしょうか。イメージしやすくするために、早速、実際に出題された問題を見てみましょう。

- 1年後に弱小サッカーチームを優勝させるためにはどうすればよいか（人事系事業会社）
- カーテンを売るオリジナルボードゲームをプレイして、他のグループよりも売上を上げてください（家具メーカー）

このような問題が実際に入社試験で出題されています。

どうでしょうか？　なんとなくイメージができましたか？

これまでのフェルミ推定や判断推理などとは、明らかに問題の毛色が異なりますよね。では企業は、どうしてこのような正解のない問題を出題するのでしょうか。それは、論理的思考力と発想力を評価するためです。一見するとどう考えたらよいのかわからない問題に対してでも、適切なプロセスを経て自分の答えを出すことができるか、そしてそれを十分にわかりやすく伝えることができるかを測っているのです。こういったクリエイティビティが求められる問題で周囲と異なる発想の回答ができれば、ダイレクトに他の就活生との差別化につながり、就活で有利なポジションを獲得できます。

また、このような課題解決型の問題は、グループワークやグループディスカッションでもよく出題されます。こうした場合、論理的思考力と発想力に加え、協調性や積極性、所定の時間内で成果を上げるタイムマネジメント能力なども求められます。

改めて、この章では答えのない問題に対して、オリジナリティのある答えを作れるようになることを目指して、一緒に回答を考えてみましょう！

母の日の新しいプレゼントとは？

難易度：★★★☆☆

母の日にはカーネーションを贈るのが慣例となってきましたが、今の時代にふさわしい新しいプレゼントを考えてください。

現状把握とゴールの定義

このような抽象的な問題、すなわち人によって答えの基準が曖昧になってしまう問題については、ケース問題と同様に、自分でゴールを定義することから始めましょう。

例えば今回の問題では、「今の時代にふさわしい新しい母の日のプレゼント」という抽象的なゴールを、より具体的に定義する必要があります。そのためには、「母の日にふさわしい」という要素と「今の時代にふさわしい」の2つの要素に分けて分析していきます。「これまで母の日はどういう意味合いを持ってきたのか」「今の時代はどういう時代なのか」について考える、ということです。このように、抽象的な課題解決型問題を考えるためには、日頃から社会を観察して自分なりの考え方を持っていると有利です。

課題解決型問題では、ゴールの妥当性を問われるというよりは、なぜそのゴールを設定したのかを論理的に説明できるかが重視されます。見通しなくゴールを設定すると評価が厳しくなるので注意です。問題によっては定性的な目標になることもありますが、できるかぎり定量的な（数字に落とし込める）ゴール設定を目指しつつ、定量的にすることを意識しすぎるあまり論理的な矛盾や飛躍が生まれないように気をつけて解いていきましょう。

〈ゴールの例〉

母の日は、母親に感謝を伝える日である。そのため、母の日のプレゼントとしては感謝を伝えられるものが求められる。また、今の時代の母の日の定番としては母親像が多様化していることから、特定の母親像への感謝ではなく、多様な母親像に対応したものが求められる。
このことから、今の時代の母の日の定番のプレゼントとしては、「感謝を伝えられ、それぞれの母親に合わせたカスタマイズができる」ものがよいと考える。

施策検討

次のステップでは、設定したゴールのために、どんな打ち手が必要か考えてみましょう。施策の検討に必要なのは、「評価基準」と「アイデア」です。

評価基準とは、複数のアイデアや提案の中からどれが最もゴールに近いものなのかを決めるための指標です。

例えば、先の回答では①感謝を伝えられる、②カスタマイズができる、という2つの評価基準を設定できます。評価基準は多すぎると評価がかえって難しくなってしまうので、基本的には2つ、多くても3つ程度に絞るといいでしょう。

複雑なことを問われ、評価基準がどうしても4つ以上になってしまうときは、評価基準に優先順位をつけ、どの評価基準がより重要なのかを考えておくと答えを作りやすくなります。

次にアイデアとは、回答の候補です。アイデアの作り方は多くありますが、ここでは「アイデアとは既存の要素の組み合わせ」という考え方を紹介します。

例えば、『もし高校野球の女子マネージャーがドラッカーの『マネジメント』を読んだら』（岩崎夏海、ダイヤモンド社）は、女子マネージャーとドラッカーのマネジメント論の組み合わせから生まれたアイデアです。また、消えるボールペン、フリクションは、ボールペンと消しゴムの組み合わせから生まれたアイデアです。

このように、新しいアイデアは既存のものの組み合わせからも作れるので、アイデアが直感的にひらめかず、困ったときには組み合わせで考えていくのがおすすめです。

こうして生まれたアイデアを評価基準に沿って評価していけば、ゴールに最も適したアイデアを選んでいけます。

〈評価基準とアイデアの例〉

以下のアイデアを、①感謝を伝えられる、②カスタマイズができる、の2つの基準を5点満点で評価した。

アイデアA　カーネーション×スマホアプリ

スマホアプリ上に表示されるカーネーションを通じて感謝が可視化できるアプリ。感謝のメッセージとともにスマホの画面上のカーネーションに水をあげるとカーネーションが成長する。

①感謝を伝えられる→5点　②カスタマイズができる→2点

アイデアB　選べるギフト×健康

美容や健康に関連したアイテム、スパやマッサージのギフト券、アロマセラピー用品などから選べるカタログギフト。母親にストレス解消やリフレッシュの機会を提供する。

①感謝を伝えられる→3点　②カスタマイズができる→4点

アイデアC　チョコレート×オーダーメイド

産地、味、見た目の要素を好みに合わせて選んでオリジナルのギフト用チョコレートが作れる。

①感謝を伝えられる→5点　②カスタマイズができる→4点

これら3つのアイデアを感謝を伝えられる、カスタマイズができるという基準から評価したところ、産地、味、見た目の要素を好みに合わせて選び、オリジナルのギフト用チョコレートが作れる、オーダーメイドのチョコレートがよいと考えられる。

おわりに

この問題は、過去の出題問題を参考に著者の作成したオリジナル問題です。

こういった新しいアイデアを作るタイプの問題は、ひらめき勝負のように見えますが、たとえ目を引く斬新なアイデアが出せなかったとしても、論理的に理由をつけて思考を展開していくことができれば、企業はそこに至るまでのプロセスを評価してくれるはずです。

今回はその中でも、広告業界で問われやすい、現在当たり前になっている習慣をテーマに新しい企画を考える問題でした。

渋谷駅周辺はどうすればきれいになるか?

難易度:★★★★☆

渋谷駅周辺の衛生環境が好ましくないことはたびたび問題となっています。近年では「路上飲み」やハロウィンで有名ですが、大量のごみが出ることは想像に難くないですよね。渋谷の衛生環境改善のためにどのような施策が取れますか?

この問題に対しては、著者陣3名の回答をこれからご紹介していきます。みなさんも「自分だったらどうするかな」と考えながら読み進めてもらいたいと思います。

〈回答1　分別されたごみを持ち込んだ場合に金銭と交換する〉

現状把握とゴールの定義

衛生環境の定義を「いわゆるゴミの散乱状況」と言い換えます。すると問題は「渋谷駅周辺のゴミの散乱状況を改善するための施策を考えよ」に変換できます。

施策検討

ここで私が提案する施策は、「キロ単位で分別されたごみを持ち込んだ場合に金銭と交換する」ことです。財源は、従来ゴミ拾いなどのために雇っていた人員や関係する職員を削減し、その手当をこれにあてます。

理想としては、ホームレスの人たちが金銭を稼ぐ手段として渋谷駅周辺のゴミを拾い集め、金銭と交換する仕組みを作ることでゴミの散乱状況の改善を目指します。

これについて想定される悪影響は、渋谷駅周辺にホームレスが大量に集結することによる治安の悪化と、家庭ごみの持ち込みです。

前者については、警備人員を動員することで対応します。後者については、キロ単位での交換とすることで、一般的な家庭からの持ち込みを難しくします。

〈回答2　特定地域におけるゴミのポイ捨てに対する過料の新設〉

現状把握とゴールの定義

渋谷駅周辺の衛生環境が問題となるひとつの理由がゴミのポイ捨てです。そこで、ポイ捨てを抑制する施策として、法律や条令に着目します。

現在渋谷区は、きれいなまち渋谷をみんなでつくる条例で、公共の場所における吸い殻・空き缶等のポイ捨てを禁じ（11条1項）、違反者を2万円以下の罰金に処するとしています（22条1項）。しかし、渋谷駅周辺では容易にゴミが見つかることから、この規制は十分に機能せず現実にはポイ捨てが行われていると推察できます。

国の法律レベルでは、廃棄物処理法がみだりな廃棄物の投棄を禁じており（16条）、違反者は懲役・罰金に処されます（25条）。これは、その刑罰の重さ等からして、いわゆる「不法投棄」などを主眼とするもので、小さなゴミの「ポイ捨て」の処罰はあまり想定していないと予想されます。

また、地方公共団体の条例レベルで渋谷以外の例を見てみると、例えば京都市の美化推進条例が飲料容器・吸い殻等を捨てることを禁じ（7条）、特定の地域における違反者を罰金に処するとしています（29条）。しかし、京都市では、このルール制定から２０２３年までで摘発者が１人もいないと言われています。現実的に考えると、ポイ捨てを行う人自体が全くいないわけではないでしょうが、罰金に処され前科がつくという重い処分になること、摘発が警察に委《ゆだ》ねられていることなどが、摘発の少なさに結びついていると思われます。

一方、例えば札幌市のポイ捨て等防止条例は、同様にポイ捨てを禁止し（7条）、特定の地域における違反者は過料に処するとしています（18条1項）。札幌市では、喫煙制限区域を中心に巡回している散乱等防止指導員が、違反行為を現認した場合に直接現金で徴収しており、現に一定数の摘発者が報告されています。これは、前科のつかない過料で、監視者による直接徴収も可能であることが大きいと考えられます。

そこで、規制を有効なものとするためには、なんらかの罰則を設ける必要があると結論できます。例えば埼玉県は、エスカレーターでの立ち止まりを義務付ける条例を制定したものの、義務に違反して歩行する者への罰則がないこともあって、あまり守られているとはいえません。また、規制の実効性を確保するには、監視員等による直接の監視も重要です。ただし、罰則を設け、それについて監視を行う際には、個人の自由の保障との兼ね合いを考えなければならないことに注意です。罰則は重すぎてはいけないし、常に監視されているとなれば平穏な生活は送りづらくなってしまうからです。よって、ポイ捨てという行為の悪性や、渋谷駅周辺の衛生環境という問題の改善に必要相当な範囲での規制を考えていきます。

施策検討

ポイ捨ては、確かにルールに違反する行為で、道徳的にも避けるべきと考えられるものの、直接の被害者を想定しづらく、(残念ながら)日常にありふれた行為でもあります。よって、常に前科をつけるほど悪性の強い行為とは言いがたいでしょう。

さらに、日本には路上等のゴミ箱が少ないのも考慮する必要があります。近年、テロ対策や管理費用の節減を名目として、路上等のゴミ箱が撤去されつつあり、日々必然的に発生するゴミを捨てる適切な場所がない以上、ポイ捨てしやすい状況と言えます。

そこで、札幌市の条例を参考に、ポイ捨ての罰則は過料とし、その額も1000円程度とするのが適切です。渋谷区の現行条例における罰金を残す場合、こちらはより悪性が強い場合（同じ者による繰り返しの違反、危険物の投棄等）を主な対象とすることも考えられます。罰則を過料にすることで、厳格な裁判手続が不要になるため、監視員を配置した上でその場で徴収することも可能になり、実効性も担保しやすくなります。

過料に処する範囲は、渋谷駅周辺の衛生環境改善という目的、及びポイ捨てが起こりやすそうな地区等を考えて、渋谷駅から概ね半径1キロメートル圏内を対象とします。これは、札幌市の例と比べても広すぎません。運用実績が蓄積されてきたら、それに合わせて地域を縮小・拡大することも視野に入れます。

合わせて、ゴミ箱を新たに設置することも考えられますが、管理費用が相当程度かかるのは避けられません。そこで、新たな過料の運用実績が蓄積した段階で、ポイ捨ての摘発が特に多い地域に設置することなどを検討します。

〈回答3　クラウドファンディングとクーポン〉

現状把握とゴールの定義

渋谷駅周辺にはゴミが散乱しており、ゴミから出る悪臭などが衛生環境の悪化にも大きな影響を与えています。その根本的な理由は「訪れる人の量に対応したゴミ箱が用意されていない、もしくは閉鎖されているから」だと推察されます。この推察は、教育学のアーキテクチャの教育思想における「人の行動は、周囲の構造によって決定される」という考え方に基づいています。

簡単に言えば、ポイ捨てをしてしまうのはマナーやモラルの問題ではなく、ポイ捨てをしてしまう環境、構造に問題があるので、それに対しての打ち手を用意する必要があるのです。

施策検討

大きく分けて3つのプロセスからなる施策を提案します。

①渋谷清掃委員会を設立し、クラウドファンディングで資金を集めます。
②集めた資金を用いて渋谷駅周辺に合計100個のゴミ箱と、ゴミ箱で集めたゴミをまとめる収集場所を2か所用意し、専用のアプリのQRコードをかざすことで収集場所に入れるシステムを構築します。
③2か所の収集場所にゴミ箱を持ってきた人に対し、渋谷駅周辺で使える割引クーポンを配布します。

まず①クラウドファンディングでは250万円の支援金を集めることを想定します。渋谷駅の1日の利用者（250万人）の1％の方が、平均100円の支援を行うと仮定したのがこの数値です。この資金を、ごみ箱の設置費用（50万円）、アプリ作成・システム構築（150万円）、防犯カメラの導入（30万円）、割引クーポンなどのインセンティブ（20万円）にそれぞれ充てます。

次に、②ゴミ箱は入り口を小さくして、中から取り出しにくい形にします。また、収集場所の扉は施錠しておき、QRコードをかざすことで開けられるシステムとします。この状態では、ゴミ箱を持っていかなくても収集場所に入ってクーポンを取得することが可能になりますが、防犯カメラを設置することでその行動の抑止力とします。これは、「chocoZAP」のグッズ販売において、誰でも商品が取れる仕組みになっていて、防犯カメラ作動中という張り紙だけがなされているシステムを参考にしました。

最後に、③ゴミ箱の中身を回収することにより、割引クーポンなどのインセンティブを付与することで、システムが持続的に運営できるようにします。

おわりに

この問題は、コンサル業界で出題されやすい、相談に対する提案を考えるタイプの問題でした。実際に特定の企業で出題された過去問ではありませんが、コンサル業界で問われるポイントを押さえて筆者が作成した問題です。今回は東大生の回答を3つ紹介しましたが、このような答えのない問題においては特定の正解はありません。論理的に主張を展開しさえすれば、悪くない評価をもらうことができます。あなたなりの回答もぜひ考えてみてください。

入社試験を通じて見える

第5章

「企業が求める人材像」

人事コンサルタント・曽和利光インタビュー

――ここまでは、実際の入社試験問題や予想問題を通じて「入社試験で問われる資質」を解説してきました。本書の最終章として、人事コンサルタントの曽和利光さんに、「企業は入社試験を通じて、就活生に何を求めているのか」をうかがうべくインタビューを実施しました。

曽和さんは人材派遣会社のリクルートで長年にわたって人事採用部門を担当し、現在は人事や経営者に対するコンサルティングを行う「株式会社人材研究所」の代表を務められています。2万人以上の就活生を見てきたご経験をもとに、企業が求める人材像や入社試験を実施する意義などをお聞きできればと思います。

本日はよろしくお願いいたします。

曽和　よろしくお願いします。

――さっそくですが、企業はなぜ入社試験を実施するのでしょうか。

曽和　まず、一口に入社試験と言ってもいろいろな種類のものがありますよね。この本で中心的に取り上げられているのは、入社試験の中でもフェルミ推定やケース問題といった、就活生の思考力を問う問題ですが、それ以外にも面接やエントリーシート（ES）、社会常識を問う筆記試験だって、広い意味では入社する資格を問うものなので入社試験と呼ぶことができます。

その中で、フェルミ推定やケース問題といった思考力を問う試験は、一定の形式に従って構造化されており、客観的な評価ができるという特徴があります。「構造化された問題」とは、主観によって質問内容や評価が変わらない問題のことですが、逆にそうではないもの、つまり面接などの口頭試験は、どうしても面接官によって評価内容が変わってしまう主観的なものですよね。また、面接などでは知的能力を測ることも難しいです。その代わり、企業との相性を見ることができるという長所もありますが。

――ケース問題や面接など、就活のプロセスごとに評価しやすいポイント、しにくいポイントがあるのですね。

曽和　はい。フェルミ推定やケース問題を入社試験で出題する企業は、そういった問題を解く際に必要な思考力が高い人材を採用したいと考えています。なぜかというと、企業の業務で実際に、問題を解くのに必要なタイプの思考力が求められるからです。ケース問題を出す企業はコンサルティング会社が多いですよね。コンサルティング会社は外部からアドバイスをする仕事ですが、内部者よりも少ない情報の中から推定を重ねて仮説を作っていくことが多い。このように実際に仕事で使う能力だから、わざわざ試験を用意して就活生の資質を測っているのです。

――フェルミ推定やケース問題などの入社試験問題はかなり特殊ですが、就活生はどのように対策すればいいのでしょうか。

曽和　まず大前提として、実は就活生が対策できる入社試験はよくない試験なんです。なぜなら企業は就活生の素の力を測りたいと思っていて、試験を解くために最適化された、実践では使えない思考力で試験だけ突破されても、その後の実際の仕事で支障を来してしまうからです。試験対策をすることで同時に業務に必要な能力も上がるのならいいんですが、必ずしもそうとは限りません。つまり、対策するだけで入社できてしまうような試験は、入社後に企業と就活生の間でミスマッチが起こってしまう可能性があるのです。

では就活生はどうすればいいか。論理的思考力や創造性を根本的に鍛えるためには、日頃から自分の頭で考える経験を積むように心がけて、地道に努力していくしかありません。


――それらの能力を身につけるためには、どのようなトレーニングをすればいいのでしょうか。


曽和　人間の知的能力は、計算力や暗記力、集中力など臨機応変な問題解決に役立つ「流動性知能」と、洞察力や言語能力、理解力など経験や学習から獲得していく「結晶性知能」のふたつに分けられると言われています。

入社試験でよく問われるような論理的思考力を司るのは流動性知能ですが、これは20代をピークに発達が止まってしまいます。現実的な話として、就活を考えるようなタイミングから急に伸ばすことはかなり難しいです。だから論理的思考力が求められる問題が不得手なら、結晶性知能を意識的に伸ばし、創造力を自分の強みにしていくといいでしょう。

例えばケース問題には問題を論理的に分解していく部分と、それに対してクリエイティブな提案をする部分がありますが、後者を伸ばしていくイメージです。

——曽和さんから見た「よい入社試験」はどのようなものでしょうか。

曽和　実際の仕事内容に沿った能力を評価する入社試験です。実際の職務に近い仕事をさせてその成果を評価するワークサンプルや、あるいは実務型インターンシップのように、より実践的な仕事を就活生に行ってもらい、その成果を人事が評価する方法は妥当性がありますよね。

「ラグビーをやっているから根性がありそう」といったバイアスのかかった評価ではなく、ファクトから能力を類推・評価するものがよい入社試験だと言えるでしょう。

——採用担当者から見て、そういった試験で就活生を評価するポイントはどこにあるのでしょうか。

曽和　一番大事なのは、論理を飛躍なく思考できるかです。論理的思考ができれば、基本的に仕事を進めることができると評価されます。ただし、経験年数や期待される役割が上がるにつれて、拡散思考（創造性）と収束思考（論理的思考能力）の両方が求められるようになります。企業や業種によって評価ポイントは異なりますが、就活市場では創造性のある人が少ないため、幅広い知識を持っていたり、複数の知識をつなげて理解するスピードが速かったりする人は、希少価値が高く評価されやすいかもしれません。

——就活や入社試験について、就活生と人事では見え方が異なる点もあるかと思います。就活生が持っている幻想と人事が見ている現実の間にはどのようなギャップがありますか。

曽和　就活生があまり理解していないのが、就活生にとって就活は「自分と合う、自分が活躍できる企業を見つける場」だということです。第一志望の企業に入るための努力は確かに大切ですが、入社試験を受けていくうちに「この企業は自分に合わないな」と感じることもあります。そういう場合、第一志望の企業が最善の選択肢とは限りません。頑張って入社できたとしても、その企業の環境や仕事内容は向いていないかもしれませんから。

個人的な経験ですが、私は高校受験で関西の名門校・灘高校に合格したものの、いざ入学してみたら周囲の学生のレベルの高さに驚いて自信を失ってしまった経験があります。それだったら、ただ偏差値の高い学校に行くばかりが正解ではなく、地元の国公立高校に入って成績トップとしてやっていた方がよかった、という可能性もありますよね。私の高校時代のようなケースでは、自分がレベルの高い集団に入って引き上げられるタイプなのか、勝てる環境に入って活躍するタイプなのかを知った上で進路を選ぶことが、よりよい未来につながります。

就活でも同じです。合わない企業に無理して入っても、入社後に苦手な能力を要求され続けるのはつらいですから。

ですから、この本のような入社試験問題を解いてみて苦手だと感じた就活生の方がいたら、無理にコンサルティング業界などでの就活にこだわりすぎず、少し考え方を変えてみて、論理的思考力がそこまで必須ではない別の業界を視野に入れることが将来的な幸せにつながるかもしれません。

――では、企業側が求める人物像を就活生はどこから見つけることができるのでしょうか。

曽和　ほとんどの企業が、求める人物像について「コミュニケーション能力」「主体性」「挑戦心」「協調性」「誠実性」のキーワードを掲げているので、正直わかりにくいですよね。これは企業側がもっと噛み砕いて説明するべき事項だと思います。

現実的な話をすると、企業の求める人物像を就活生が理解するためには、OB訪問や面接の逆質問を使うのがおすすめです。例えば、コミュニケーション能力といっても傾聴力や交渉力、表現力、調和力などいろいろなベクトルがありますが、その企業はどれを重視しているのかを聞くことで、より理解が深まって周囲との差をつけられます。

また、企業ごとの仕事内容からも求める人物像を類推できます。一般的な仕事内容のイメージから、広告代理店ならコピーライティングを考えたりしますから好奇心旺盛でクリエイティブな思考が得意な人が必要そうですし、生命保険会社なら新規性よりもまずは既存の業務をしっかり安定的に遂行できる、誠実性のある人が求められそうだと想像できますよね。

――入社試験からは少し離れてしまいますが、逆質問では何でも聞いていいのでしょうか。自己アピールの場だとばかり考えていました。

曽和　逆質問の時間は、企業側が就活生に対して「就職したい」と思ってもらうための動機づけの場でもあるので、基本的に何でも聞いてしまって大丈夫です。その上で、できれば具体的な質問をするのがおすすめです。企業理念といった抽象的な質問に対しては、答えも抽象的なものになってしまいがちですが、「御社で活躍する人はどんな人ですか？」というように回答者が実体験を思い浮かべながら話せる質問をすると、より具体的な回答が返ってきて理解が深まりますよね。

――ここからはさらに広く、就活一般についてのアドバイスをお聞きしていければと思いますが、面接の場で他の就活生と差をつけるにはどうすればよいのでしょうか。

曽和　引き出しの多い人は魅力的に映ります。例えば「赤から連想されるもの」というお題に対して、「信号」と答える人は多いですが、「小豆」と答える人は少ないですよね。クリエイティブ職に就く人は特にそうですが、採用担当者にとっていかに意外な答えを返せるかは、周りと差をつけられるポイントでしょう。

また、大人になってくると適材適所という考え方が強くなります。例えば中年での転職などでは、「御社に入って○○が得意になりたい」という変身願望よりも、「○○が得意なので御社で活躍したい」と言われた方が企業はうれしいです。

——そもそも面接にたどり着けない就活生もいますよね。そういった方はＥＳでつまずいているわけですが、ＥＳには何を書けばいいのでしょうか。

曽和　企業は就活生のファクトを見ています。人事はＥＳに書かれている事実から能力や性格、価値観を類推するわけです。逆に、「私は責任感のある人間です」などと主観による人柄の情報を盛り込む方がいますが、残念ながら人事はそういった部分をほとんど読み飛ばします。事実に立脚していないからです。そのためＥＳの最低8割は実際の数値や自分が挑戦したことなど、お題に沿った「事実」を記載する必要があります。

企業は就活生が自社についてよく知っているかよりも、皆さんのことを知りたい気持ちが強いのです。だから、「御社について知っています」と下手におもねったり、結論ファーストのシンプルなＥＳを出したりするよりも、読んでいる人がＥＳの内容からあなた個人をイメージできるかどうかに留意して書くことをおすすめします。

――それでは、面接で落とされる場合はどうすればいいでしょうか。

曽和　ここでもファクトが大事です。面接の場で、あなたが具体的な事実ベースで話しているかを振り返ってみてください。就活生が抽象的な話に終始してしまっている場合、面接官が就活生の話を深掘りして具体的な内容を聞き出してくれるのが理想ですが、現実には就活生の具体的な情報をうまく聞き出してくれる面接官が少ないのです。

また「相手（企業）が欲しがっているものを自分が持っている」アピールができているかも考えてみてください。就活では頻繁に強みや弱みを聞かれますが、このふたつは表裏一体で、あなた自身の特徴であることに変わりありません。人間の特徴には善し悪しなどないので、ある企業であなたの弱みが評価されることもあれば、はたまたあなたの強みが裏目に出てしまうこともあります。なので、企業のニーズとあなたの能力が合っているというアピールができているかどうかが大事です。

――それでは逆に、就活生が「この企業は就活生をきちんと評価できているか」を見極める方法にはどのようなものがあるのでしょうか。

曽和　面接官があなたにしつこく質問してくるかどうかがひとつのポイントです。それは、皆さんのことをちゃんと理解しようとしている証拠だからです。

一般的に人間の会話は穴ぼこだらけで、就活においても就活生の情報のうち抜けている部分は必ずあるものです。そういうときに経歴や受け答えなどの印象から抜けている情報を臆測で推理するのではなく、ひとつひとつの事実をしっかり確認してくれるのは、企業の誠実さの証です。質問内容がサラッとしていて話が弾んだ面接の方がうまくいったはずだと勘違いしやすいですが、実は同じような質問を何度もしつこく聞いてくれる企業の方が、あなたという人にしっかり向き合って理解し、評価しようとしてくれているのです。

――最後に、この書籍を読んでいる就活生に向けてアドバイスをお願いします。

曽和　本来持つ能力を発揮するために試験問題に慣れることは大切ですが、入社試験では一時的に磨き上げた能力のみならず、これまでの生活で鍛えられた全てが評価されます。日頃からあなたの就きたい仕事に必要な能力を鍛えるように地道に努力してください。

曽《そ》和《わ》利《とし》光《みつ》

愛知県豊田市生まれ、関西育ち。灘高等学校、京都大学教育学部教育心理学科。在学中は関西の大手進学塾にて数学講師。卒業後、リクルート、ライフネット生命などで採用や人事の責任者を務める。その後、人事コンサルティング会社人材研究所を設立。日系大手企業から外資系企業、メガベンチャー、老舗企業、中小・スタートアップ、官公庁等、多くの組織に向けて人事や採用についてのコンサルティングや研修、講演、執筆活動を行っている。著書に『人事と採用のセオリー』『人と組織のマネジメントバイアス』『できる人事とダメ人事の習慣』『コミュ障のための面接戦略』『悪人の作った会社はなぜ伸びるのか?』他。現在、Y!ニュース、日経、労政時報、Business Insider、キャリコネ等、コラム連載中。

おわりに

ここまでお読みくださったみなさんは、もはやどんな入社試験が来ても対応できるような力が身についたのではないでしょうか。事実、フェルミ推定やケース問題などの問題については、一定の実力が身についたのかもしれません。

しかし、あくまで入社に関わる一連のフローは「人と人とのすり合わせ」であることを忘れてはいけません。大学に入るまでの一連の試験では、出題された問題に対して適切な答えを返せれば合格できました。ですが、入社試験で見られるのは「どれだけ試験勉強をしているか」ではなく、「その会社に入って適切な能力を発揮できるか」です。

一人で図書館にこもってテスト勉強さえしていればよかった学生時代とは違って、仕事を行うのはグループ単位です。会社に入ってから風土になじみ、仲間となじむことができて、初めて仕事を円滑に回せるようになるでしょう。

この本で紹介した方法を使えば、きっとどのような会社であっても入れるようになるはずです。ただし、必ずしも「自分の入りたい会社に入る」ことが「自分の幸せにつながる」わけではありません。給料や待遇だけを気にして、自分がなじめない環境に身を置いてしまったら、人生の総合的な幸福度は下がってしまいます。

　われわれがお伝えできるのは、あくまで入社試験をパスする方法に過ぎません。しかし、もっとも大事なのは、みなさんが「自分の人生を共に過ごしていきたい」と考えられるような、人生の最良のパートナーとなる会社を見つけるための審美眼です。どんな会社を目指すのも皆さんの自由です。そして、どんな会社に入るとしても、入れるだけの手段は提供しました。だからこそ、これからは「どんな会社を目指すか」を真剣に考えることが一層大事になってきます。

　ここまで言うのは、この本で紹介した内容が実践的すぎて、あなたに合わない、入ることをおすすめできない会社の試験すら突破してしまう可能性があるからです。せっかく数ある就活本の中からこの本を手に取っていただけたのですから、みなさんには入社後のミスマッチに陥ってほしくない。私たちはそう考えています。

　あなたにとって理想の会社が見つからないこともあるでしょう。そうしたとき、どの条件を譲り、どんな妥協をするかが人生を大きく左右します。そのときに、自分の人生における優先順位をもう一度考えてみてください。そうすることで、どんな会社に入りたいかがより明確に見えてくることでしょう。

そして、すばらしい会社に入れたそのときには、ぜひこの本で学んだ内容を含めた自分の就活体験談を、後輩のみなさんに伝えてあげてください。世の中は先輩から後輩へ託《たく》されるバトンによって成り立っています。みなさんも、新社会人としてバトンを託される側であると同時に、まだ学生の後輩たちにバトンをつなぐ側にもなるのです。

自分から始まる良い連鎖を、ぜひ次の人につないであげてください。

執筆者一覧

姜 利英

奥村 亮太

布施川 天馬

永田 耕作

一流企業《いちりゅうきぎょう》の入社試験《にゅうしゃしけん》

二〇二四年七月二二日 第一刷発行

著者 東大《とうだい》カルペ・ディエム

©Todai Carpe Diem 2024

発行者 太田克史《おおたかつし》

編集担当 片倉直弥《かたくらなおや》

発行所 株式会社星海社
〒一一二-〇〇一三 東京都文京区音羽一-一七-一四 音羽YKビル四階
電話 〇三-六九〇二-一七三〇
FAX 〇三-六九〇二-一七三一
https://www.seikaisha.co.jp

発売元 株式会社講談社
〒一一二-八〇〇一 東京都文京区音羽二-一二-二一
(販売)〇三-五三九五-五八一七
(業務)〇三-五三九五-三六一五

印刷所 TOPPAN株式会社

製本所 株式会社国宝社

アートディレクター 吉岡秀典《よしおかひでのり》(セプテンバーカウボーイ)

デザイナー 五十嵐《いがらし》ユミ

フォントディレクター 紺野慎一《こんのしんいち》

校閲 鷗来堂《おうらいどう》

●落丁本・乱丁本は購入書店名を明記のうえ、講談社業務あてにお送り下さい。送料負担にてお取り替え致します。なお、この本についてのお問い合わせは、星海社あてにお願い致します。●本書のコピー、スキャン、デジタル化等の無断複製は著作権法上での例外を除き禁じられています。●本書を代行業者等の第三者に依頼してスキャンやデジタル化することはたとえ個人や家庭内の利用でも著作権法違反です。●定価はカバーに表示してあります。

ISBN978-4-06-536026-2
Printed in Japan

300
SEIKAISHA SHINSHO

258

なぜブルーベリー農家は東京に多いのか？「ドラゴン桜」式クイズで学ぶ東大思考

宇野仙　企画 西岡壱誠

東大式「考える習慣」が身につくクイズを集めました！

百人もの受験生を東大合格に導いてきた人気予備校講師が見抜いた東大生の共通点、それは「身近な疑問を考える習慣」です。東大に合格できる人は日常的に感じる違和感を深く考え、生活の中で思考力を磨いているのです。東大もそういった人を重視し、日常の疑問を扱った入試問題を数多く出題しています。本書では、みなさんに東大式の思考習慣を身につけていただくため、東大生作家・西岡壱誠さんと協力して東大式の疑問力と思考力を鍛える良問を25題集め、随所に東大思考の本質を突いた『ドラゴン桜』の名言をちりばめました。この一冊で、クイズ感覚で楽しく東大思考をマスターしてください！

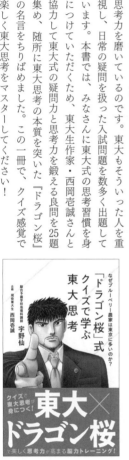

289

東大就活

東大カルペ・ディエム

東大生は就活で勝つために何をしているのか

東大生は大学ブランドがあるから就活で勝てる——こう考えているうちは、あなたの就活はきっとうまくいきません。東大生が就活で成功する最大の理由は大学のネームバリューではなく、「大学受験で培った本質的な思考法で就活を攻略しているから」です。つまり、東大生と同じ就活の思考法を身につけることができれば、あなたも東大レベルの就活ができるようになるのです。本書では、東大生が就活の際に行っていることを、「準備スキル」と「逆算思考」という視点で解説し、自己分析や企業研究、エントリーシートや面接の対策方法まで網羅的に解説しました。就活における東大思考を武器に、志望企業の内定を勝ち取ってください！

次世代による次世代のための

武器としての教養
星海社新書

星海社新書は、困難な時代にあっても前向きに自分の人生を切り開いていこうとする次世代の人間に向けて、ここに創刊いたします。本の力を思いきり信じて、**みなさんと一緒に新しい時代の新しい価値観を創っていきたい。若い力で、世界を変えていきたいのです。**

本には、その力があります。読者であるあなたが、そこから何かを読み取り、それを自らの血肉にすることができれば、一冊の本の存在によって、あなたの人生は一瞬にして変わってしまうでしょう。**思考が変われば行動が変わり、行動が変われば生き方が変わります。**著者をはじめ、本作りに関わる多くの人の想いがそのまま形となった、文化的遺伝子としての本には、大げさではなく、それだけの力が宿っていると思うのです。

沈下していく地盤の上で、他のみんなと一緒に身動きが取れないまま、大きな穴へと落ちていくのか？　それとも、重力に逆らって立ち上がり、前を向いて最前線で戦っていくことを選ぶのか？

星海社新書の目的は、**戦うことを選んだ次世代の仲間たちに「武器としての教養」をくばることです。**知的好奇心を満たすだけでなく、自らの力で未来を切り開いていくための〝武器〟としても使える知のかたちを、シリーズとしてまとめていきたいと思います。

2011年9月

星海社新書初代編集長　柿内芳文

SEIKAISHA SHINSHO